Ⓢ新潮新書

先崎彰容
SENZAKI Akinaka

違和感の正体

667

新潮社

はじめに――ものさし不在の時代に

今、世間は久しぶりに「政治の季節」を迎えています。

二〇一五年八月三十日には、参議院で審議中の安全保障関連法案に反対する市民団体や学生グループが国会前デモを行いました。主催者発表では十三万人、警察発表では三万三千人が詰めかけたそうです。民主党など野党議員だけでなく、ミュージシャンや学者らも参加し演説をしました。何よりも大学生を中心とする若者のデモ参加が、新しい政治の始まりとして注目を浴びました。

それに先立つ七月にも、衆議院特別委員会と本会議での採決を「強行採決」であると批判し、デモが行われていました。学者の抗議声明なども出されたと聞いています。

また沖縄の基地移設問題をめぐっては、二〇一三年の年末いらい政府と沖縄の対立が続いています。沖縄中心部の普天間飛行場を、人気の少ない名護市辺野古へ移設するための工事が思うように進んでいません。二〇一五年末現在、法的根拠に基づいた政府の措置にたいして、県知事が拒絶する睨《にら》み合いの状態が続いています。

こうした連日マスコミを賑わす報道を、筆者が久しぶりの政治の季節だというのには理由があります。筆者が生まれたのは一九七五年、ちょうどベトナム戦争が終結した年です。小説家の三島由紀夫が、自衛隊は軍隊になることを決断せよ！　と叫んで割腹したのが五年前の一九七〇年。その年は大阪万博が開催され、つい最近まで史上来場者数世界一位を誇っていたのです。つまり戦後の日本人は高度経済成長の波に乗り、七〇年代いっぱいを万博に押しかけ明るい未来を想像して過し、三島由紀夫の警告などはどこ吹く風、八〇年代にはバブル経済さえ経験することになったのです。

大学入学試験直前の一九九五年には、二つの象徴的な出来事が起りました。阪神・淡路大震災とオウム真理教事件です。二つの出来事がもつ意味については、多くの社会学者らが論じています。「失われた二十年」と呼ばれる経済不況も、この時期に始まったものです。戦後日本にひび割れが始まっていました。にもかかわらず、当時の大学書籍部に溢れていた人文系書物の雰囲気は、「国家を語ること自体が悪である。国家を離脱する思考回路が必要だ」というものでした。

一例を挙げましょう。政治思想史家の丸山眞男は、終戦直後の論文「超国家主義の論理と心理」で、戦前の日本ファシズムの病理を指摘した著名な学者です。しばしば保守派から左翼の典型としてやり玉に挙げられます（もちろんそんなに単純な思想の持ち主ではありません）。

しかし九〇年代当時、その丸山を左派が否定していたのです。理由は、「戦前のファシズムを克服し、戦後日本人は健全な国民国家を創るべきだ」という丸山の主張が、国家を前提としているから駄目だというものでした。健全であろうがなかろうが、国民国家を口にしている時点で丸山は「限界のある思想家」だというのです。

つまり丸山政治思想史は、思想の左右両方にとって否定の対象でした。国境に典型的なあらゆる共同性、「われわれ」意識など恣意的なものである。境界線を軽々と越境しバラバラであれ。集団から逃走せよ。これこそが研究の最先端でした。

ところが二〇一六年現在、わが国の不況と若者の雇用問題、少子化と急速な高齢化、そして集団的自衛権反対から沖縄基地問題に至るまで、一つとして国家の存在を前提としないで議論できる問題はありません。若年貧困層にたいして政府は何をやっているのだと詰め寄ること、日米関係が対米従属になっていると批判すること、憲法九条や民主主義こそ日本の誇りだと叫ぶこと――全ては中間団体でもＮＰＯ法人でも社会でもなく、ほかならぬ日本国家を前提としなくては成り立ちません。肯定否定を問わず、国家は自明の前提になっており、「もっとしっかりしてくれ！」と詰問されている。現政権批判をくり返している人たちは、いつの間にやら丸山と同じく「健全な国民国家」を創ることを熱望しているのです。

新聞テレビをふくめたジャーナリズム、さらには知識人までもが時代の雰囲気と流れをつくりだし、みずから翻弄されたり忘却したりしている。いつものことと言えばその通りですが、大事なのは三島由紀夫が割腹しベトナム戦争が終結した一九七〇年代以降、はじめて私たちが「政治の季節」を実感しているということです。

眼の前に国家をおき、真剣に対話しようとしている。これ自体、きわめて健全な国民の姿です。近年、にわかに一九六〇年の安保闘争や、六八年の全共闘運動にかんする本が増えたのも、「今」を知るためにかつての政治の季節を参照したいという思いがあるからでしょう。筆者が現在を、久しぶりの政治の季節だと言っている理由です。

＊

では、こういう時代情勢をどう評価し理解すべきか。二つの手がかりから探ってみましょう。

まずは東日本大震災と福島第一原発の事故です。大震災当時、携帯電話に「チェーンメール」と呼ばれる誤情報が流され問題になりました。その一例が、千葉県にあるコスモ石油にかかわる次のようなニセ情報です。

「工場勤務の方からの情報。外出に注意して、肌を露出しないようにしてください！コスモ石油の爆発により有害物質が雲などに付着し、雨などといっしょに降るので外出の際は傘かカッパなどを持ち歩き、身体が雨に接触しないようにして下さい!! コピペとかして皆さんに知らせてください!! 多くの人に回してください!!」

また原発の水素爆発後、政府が発表する情報をはたして信じていいのかどうか、混乱とパニック、政府への批判がスゴかったことを記憶している人も多いと思います。

思想を専門とする筆者からみて、これらの事実から言えるのは「絶対に正しい基準がなくなった」ということです。言い換えれば、社会の善悪判断を最終的に担保する基準が壊れたということです。受験勉強の英文で分からない英単語に出くわす。自然と辞書に手が伸び意味を調べ、「本」と書いてあれば book の横に「本」と書き加える。これが普段の私たちです。しかし、もし他の辞書には「犬」、さらに三冊目の辞書には「りんご」と書いてあればどうか。もはや、bookの意味は混沌とし、辞書の信用は失墜し、英文を先に読み進めることができなくなるのです。

大震災と一連の原発事故で体験したのは、これとおなじ事態です。無意識の判断基準にしていた政府報告やメールの情報がまったく信用できなくなった。これを筆者は以下、「ものさしの不在」と呼ぶことにします（ドイツの法哲学者カール・シュミットならば「例外状態」と言うでしょう）。

二つ目の手がかりは、しばしば大学の講義や講演会で筆者が使う次のフレーズにあります。曰《いわ》く、「思想家とは、時代を診《み》る医者である」。主張を分かりやすくするために、医者の例を挙げています。医学部で専門知識を学び国家試験をパスし、それなりの実務経験を積むことで、医者は信頼を獲得していきます。まずは患者の悪い部分をさまざまな特殊器具や知識を駆使して「診察」します。そして病名をあきらかにし、適切な薬をはじめて「処方」できるのです。もし医者が診察もそこそこに風邪だと誤診し、実は重篤な病気だったらどうか。重大な過失と言わねばなりません。ヤブ医者と呼ばれかねないでしょう。医師免許もないのに診察すれば犯罪ということになります。

筆者は授業などで、思想家と呼ばれる人たちは「時代を診る医者なのだ」と教えています。先に挙げた丸山眞男であれば、西洋の政治哲学と日本の古典にたいする専門的な知識を武器にして、戦前の日本社会という患者を診察しました。その上で、戦後日本人に強烈なメッセージ＝薬を処方し続けたのです。

よって、思いつきの意見と思想家のことばの最大の違いは、専門的な知識の有無にあります。筆者がしばしば過去の思想家の発言を参照すべきことを説き、思いつきの判断に警告を発するのは、時代状況という患者への「丁寧な診察を心がけよ」と言っているのです。これから各章で思想家の意見を参照する際にも、つねに彼らの「時代診察」と「処方箋」の妥当性に、耳を傾けていくつもりです。

ここで現代日本を生きる私たち自身を診るのに参考になるのが政治学者・宇野重規の議論です。宇野氏によれば、伝統的な社会では個人は「家」に所属し、土地の記憶に結びついた長い時間軸で自分の存在を確認することができました。戦後の日本社会は、伝統を壊して個人に選択の自由を与えてきたわけですが、一方、家の代役として企業組織や年功序列による確実な収入アップなど「中間組織」が、選択する個人を集団につなぎとめていました。

しかし終身雇用が崩壊した現在は、個人がまさしく剝きだしになってしまったのです。

全ての価値判断を自己決定せねばならない状況では、きわめて短い時間軸で物事を決定せねばならず、また結果を求めたがる。

たとえば不平等や格差社会の是正も、短期間で成果をだしてほしいと焦る傾向が生まれている。将来が見えにくい社会に一人放りだされている以上、とても六十五歳の定年まで見返りを待てないのです。

不平等に異常に敏感で、しかも短期間ではなかなか修復不可能な問題の解決を焦ってしまう傾向こそ現代日本の特徴だと宇野氏は述べ、「〈私〉時代」と名づけました（以上、『〈私〉時代のデモクラシー』）。

長期的な観点から時代状況を判断する余裕のない〈私〉たちは、しばしば政治・経済・外交問題について、場当たり的なスローガンに飛びつきます。自分自身がヤブ医者になってしまう場合があるのです。事件事故についてほとんど知識もないままに、善悪の判断を下し思いつきを大層な「意見」だと勘違いする。

また過激な処方箋を書いてみせる人が、ありがたく見える傾向もでてきます。これなら絶対に効く！　と叫ぶ人を名医だと勘違いし、求めてしまう。診察不在で結論ありきの断定を、筆者は以下で「処方箋を焦る社会」と呼びたいと思います。

以上、「ものさしの不在」と「処方箋を焦る社会」の二つが、現代社会を理解するキーワードです。東日本大震災以降に顕著なのは、何を信じてよいか分からず各自バラバラの気分に翻弄される状態と、だからこそ逆に、断定的な一つの正解を！　誰にでも効く特効薬を！　という相矛盾した気分が両立していることなのです。

震災それ自体については、最終章で具体的に述べます。しかし以下、八章すべての議論の根柢には、原発事故を受けての避難生活という筆者の個人的な震災体験が伏流水のように流れている。震災から約二週間にわたる「あの時間」は何だったのか、人びとの異様な言動から、人間の本質に迫れるのではないか——不信感もない交ぜになった「ことばにしづらい何か」を、一つひとつ文字にしたのがこの書です。震災から五年の月日が必要でした。

＊

久しぶりの「政治の季節」を前にして、今、人びとは少し興奮しているようです。倒すべき敵が見つかった時ほど、武者震いするものです。しかし本書の立場は違います。世間やマスコミをにぎわしている諸問題に一喜一憂し、いずれかの立場にたって血沸き肉躍ることが、はたして政治を真剣に考えていることになるでしょうか。良医とは、動揺する患者や家族を前にして冷静に事態を診察する人だと思います。その姿には安心感すら漂っている。家族が信頼して施術をお願いできる理由です。

つまり混乱しているときこそ、政治的左右で議論しているように「見える」状況から身を引いてみる。場の雰囲気に感じた「違和感」を大切に、もう一度議論を組み直す必要があるのです。

こうして本書は出来あがりました。『違和感の正体』というタイトルの意味は、以上述べたとおりです。論点は多岐にわたりますが大きく分けると、前半の「時代閉塞論」までが現代社会を生きる私たち「個人」が、どのような傾向を持っているのかを考え、「近代化論」以降の後半は、日本という「国家」が抱える諸問題を、アメリカを意識しながら問うものになっています。

身の回りで起きていることにアンテナを張り、違和感から物事を考える。結果、どのような「ものさし」と「処方箋」が必要なのかが分かってくる——そこまでたどり着けることを筆者もまた期待しつつ、知の冒険を始めたいと思います。

違和感の正体……目次

デモ論――「知識人」はなぜ舐められるのか

奇妙な矛盾

　最近、しばしば耳にするのは、周辺アジア諸国を罵倒することで、日本が自国のアイデンティティを再確認しているという指摘です。自分に自信がないときに他人を否定し、相対的に自尊心を得ようとする愚は、十九世紀末を代表する哲学者ニーチェがすでに「ルサンチマン」と名づけ指摘している通りです――「すべての貴族道徳は自己自身にたいする勝ち誇れる肯定《ヤー・ザーゲン》から生まれでるのに反し、奴隷道徳は初めからして〈外のもの〉・〈他のもの〉・〈自己ならぬもの〉にたいして否《ナイン》と言う」（『道徳の系譜』、第一論文一〇）。

　他者批判からは、いびつな自負心しか産まれない。その自負は相手を過剰に意識し翻弄されている点で「奴隷道徳」、すなわちルサンチマンにすぎないとニーチェは言っているのです。それが今、日本国内はもとより、アジアの国家同士で行われている。

またもう一つ耳にするのは、国際社会と日本国内の政治が「冷戦後」ガラリと変わったという指摘です。冷戦終結自体は、一九九〇年代の出来事であり、それから二十年以上の歳月が経っています。その間、国内だけを見てもリーマンショックの影響、小泉純一郎政権の構造改革とその結果の非正規雇用の増大、さらに東日本大震災と原発再稼働問題など次々に「新しい問題」が登場してきました。

しかし基本的な問題の骨格は、今でもそう変わっていると思えません。米ソの明確な対立軸が失われた後、国際社会は混乱し、それぞれの国が自己主張を始めた。国家ばかりでなくテロ組織の暗躍も考えれば、国際社会をまとめあげる「一つの理念」の構築は益々難しい状態です。

一方、国内では共産党や社民党などの「左派勢力」が軒並み凋落してしまった。若者の失業問題・格差問題もあって多少勢力を吹き返しつつある共産党でも、自民党を脅かし国政を担う勢力をもつまでには至っていない。つまり、保革の二項対立構図は決定的に終わり自民党の一強多弱、左右のイデオロギー対立は過去のものとなった。ここ二、三年、数ヶ月ごとに政党名がくるくる変わる多党分裂状態が、何よりも複雑化する国内政治を象徴しているのです。

ところで、以上の二つの指摘には奇妙な矛盾があります。本来両立しないはずのことが、今日的状況として語られているからです。なぜなら右翼／左翼、あるいは保守／革新といった思想対立が終わったはずの混迷する日本に、アジア諸国への蔑視だけでなく、反原発や反安倍政権、反安保法制といった極めて分かりやすい批判が起っているからです。前者のアジア批判＝自国賛美は「右」に、後者の権力批判はかつての「左」に分けられるはずです。

だとすると、イデオロギーが混在し思想の左右では国際社会も国内問題も理解できないと嘯《うそぶ》く知識人の傍らで、極端な左右の立場が再浮上してきているではないか。筆者が「奇妙な矛盾」と言ったのはこのような事態なのです。どうしてこんな事態が生じているのか。違和感を抱いて当然ではないか。

相対主義の時代

「違和感」の正体を突き止めるために、まずは二人の知識人の意見を参照しましょう。

政治学者の姜尚中《カンサンジュン》は、最近の国内での嫌韓・嫌中ブームの理由を次のように説明しています（「一冊の本」二〇一五年九月号）。

戦後から七十年という月日が経つにつれて、過去の歴史の抹殺や潤色が行われるようになった。今や保守論壇からマンガ、アニメにいたるまで民族差別的な発言が広がっている。これは「戦後民主主義」への挑戦であり戦前への郷愁を多分にふくんでいるが、ではどうしてこういう事態に立ちいたったのか。

それは現在の日本に、誰もが納得できるような「普遍的な価値や真理」が存在しなくなったからだ、と姜氏は指摘します。

この指摘を受けて、筆者が真っ先に思いだしたのは、二度の東京オリンピックへの日本人の興味の持ち方の違いでした。

一九六四年に開催された東京オリンピックは、三種の神器と呼ばれるテレビ・洗濯機・冷蔵庫を人びとが買い求めた五〇年代後半を背景にもっていました。東海道新幹線が整備されたのもオリンピックにあわせてですし、新・三種の神器の一番手としてカラーテレビが登場したのもオリンピックを観るためでした。時代は高度経済成長を突き進むことになり、人びとは終身雇用と右肩上がりの成長を素直に言祝《ことほ》ぎ、みずからを肯定する気分が漂うことになります。「神武景気」と「岩戸景気」を経て、「いざなぎ景気」

ということばが躍るのは、オリンピックを経験した後のことです。

では二〇二〇年、二度目の東京オリンピックにむけて現在起きている事態は何か。正反対の事態が起きていると言えるでしょう。新国立競技場の経費があまりに高すぎるとの批判の声が上がり、文部科学省は計画見直しに追い込まれました。また大会で使用するエンブレムの盗作疑惑が浮上し、これまた使用中止になったことは記憶に新しいところです。

エンブレムが盗作なのかどうか、また競技場がオリンピックに相応しいかどうかの議論はテレビやネット上で沢山みかけました。しかし大事なのは、一度目のオリンピックと二度目のそれとの「気分」の決定的な違いです。競技場の計画見直し、エンブレムの使用中止から分かるのは、現在の私たちを支配する否定と批判、何かを引き摺り下ろそうとするシニカルな気分です。人びとが共通して何かをつくりあげようとする肯定的な目標を目指す雰囲気がない。むしろ冷や水を浴びせかけ、失敗を喜ぶ風潮すらある。この例に典型的な、日本人共通の「目標不在」の状況を、姜氏は普遍的な価値がない時代、「相対主義の時代」だと指摘していると思います。

一人ひとりの好みや気分はバラバラになってしまった。すると「僕はこう考える」、

「私の場合はこうだ」というように正解も目標も細分化する。人の数だけ正義があるという奇妙な状況に、現代日本社会はあるのです。

こうした時代診察の結果、どのような事態が起きているか。「何でも信じていい世界の裏返しは、何も信じられない世界に直結しています」。そして「何も信じられないことに耐えられないとすれば、そこで何かを、しかも、これしかない何かを盲目的に信じようとする力が働く」と姜氏は言うのです。

相対主義の時代には、各人バラバラに正解を導きだす必要がある。一見、自分で何でも決められ、自由にすら思えるこの状況は意外にも私たちを苦しめます。なぜなら、眼の前の世界を自分の善悪判断で色分けし基準を定めるのは、面倒くさいと同時に、「ほんとうにそれでよいのか」、つねに不安と隣り合わせだからです。

学生時代を思いだしてください。高校生の頃までは、学校が決めた時間までに登校せねばならず、指定された通りに授業中は座っていなくてはいけない。しかし大学生になると、別に授業に出なくても大丈夫だし、夏休みは二ヶ月もある。うまく時間を使いこなせる人はよいでしょうが、厖大《ぼうだい》な「暇な時間」を自分で毎日埋めていく作業は、かえって苦しいものです。暇を持て余し、授業にも出席せずひきこもりがちになると、実は高校時代の「柔らかい束縛」の時代が懐かしい……こんな経験をした人がいるかもしれません。

つまり自分で何でも決定することは、思いのほかの困難と不安を人に突きつけるのです。結果、それに耐えられないと、何かを「盲目的に信じ」安心感を得ようとする。それが嫌韓・嫌中などの分かりやすいフレーズとネット右翼を生みだす。特に東日本大震災以降の安倍政権では顕著になっている――以上が姜尚中の時代診察の結果であり、処方箋として「戦後民主主義」の復活と再生を提案しているわけです。

正義と「敵」の発見

以上の時代診察が、筆者が「はじめに」で指摘した「ものさしの不在」と「処方箋を焦る社会」にきわめて近い意見であることは言うまでもありません。人びとは自分ひとりの「ものさし」に自信が持てず、結果、嫌××といった出来合いの処方箋を手にとり安心したがる。しかしそれが、安倍政権批判と結びついていく点は、筆者とまったく意見が分かれるところです。姜氏との時代診察の違いに直結する話なので、これは後にあきらかにしていきます。

ところで、ネット右翼についてもう少しだけ説明を試みておきましょう。評論家の村上裕一は、彼らの心情について「セカイ系決断主義」という独特の概念で説明を加えています（『ネトウヨ化する日本』）。「セカイ系」とは、自分のセカイにひきこもる心情であり、一方の「決断主義」は、閉塞感を乗り越えるべく過激な行動にでることを意味します。この概念を参照すると、彼らの特徴を次の三点にまとめることができます。

第一に、排外主義的・人種偏見的な彼らに共通する特徴が、きわめて「真面目」であること。日本に批判的な人に罵詈雑言を浴びせるだけでなく、不正な権利を貪っている人を眼にして義憤に駆られ、デモや抗議行動をおこなっていることが第一の特徴です。

第二に、彼らが明確な「敵」を設定すること。自分たちの権利が侵害されているという不安意識が強く心を占めていたある日、漠然としていた原因がはっきりと見えるようになった。すると対象目指して一斉に叩き始める——こうして第一と第二の特徴がつながるわけです。

そして最後に、何よりも彼らが一連のデモ行為や他者批判によって「疑似家族」体験をしていること。仲間同士の「つながり」に生の充実すら感じていることが重要です。

こうして一見暴力的な彼らは、意外なくらい「真面目」で不安を抱えており、いったん

「敵」を見つけると他者批判に殺到し「つながり」を感じ取っていることが分かります。ネットなどの通信媒体を用いて情報を共有することが、他者批判を積極的に押し進めてしまう。結果、ネットが「政治性」を帯びることを村上は警戒し、時代診察としました。

筆者が注目するのは、彼らがデモなどの非日常的な行為から、異様な充実感を得ていることです。「ものさし」が不在で、各自がバラバラに自分の世界に閉じこもるのは、「これが生きている意味だ」と断定し、方向性を指し示してくれる確乎たる基準がないからです。なぜ生きているのか、世界とは何なのか、全ての人に当てはまるような「正解」は日常生活からは導きだせません。生の充実感が決定的に失われ衰弱しているからこそ、みんなで集中砲火を浴びせられる何か、自分の正義感を思い切りぶつけられる敵をデモなどの非日常の空間に見いだす。屈折した生の充実感が、そこに生まれてくる。

姜尚中も村上裕一も、排外主義的な彼らの行動を第一次世界大戦後のドイツ社会にあてはめて警告を発しました。最終的にヒトラーとファシズムを生みだしたドイツは、「ワイマール体制」と呼ばれる議会制民主主義を手から滑り落とした結果、第二次大戦へと突入していったと言うのです。必要な限りで、この時期のドイツ思想を参照し、時代診察を補強することにしましょう。

カール・シュミットの「政治」定義

ここで取りあげたいのが、カール・シュミットというドイツの法哲学者です。一種異様な迫力をもった文体の持ち主で、ヒトラーの登場を理論的に支えた、哲学者ハイデガーと並ぶ「曰く付き」の人物です。しかし全否定すれば済むような簡単な思想家ではなく、研究者の間では今日、彼の著作はファシズムの論理と心理を深く掘りさげるため、さらに「政治とは何か」を考察するうえで重要だ、という意見が多くあります。

第一次大戦後にシュミットが目撃したのは、海外へと市場を広げる各国の帝国主義政策に後れをとり、国内に多くの失業者を抱える悲惨なドイツの姿でした。歯車のひとつのようにサラリーマンをしても食えない中、残されているのは「自分自身しか頼るものがない」という孤立化した個人の群れでした。社会全体から「つながり」が奪われたドイツには、二つの傾向が生まれてくるとシュミットは言い、それぞれに「政治的ロマン主義」と「ロマン主義的政治」と名づけました。

前者の特徴は、眼の前のワイマール体制そのものにあります。自由主義と議会制民主主義をよしとするのがこの体制であり、何よりも議論と会話を特徴とする政治システムでした。自由主義ではさまざまな意見が許される以上、多様性こそ重んじられたのです。ところが、誰もが賛同しそうなこの理想的な政治を、シュミットは「政治的ロマン主義」と名づけ、全否定したのです。社会が安定しているときには、多様な意見は尊重されるだろう。確かにそれはよいことである。だが非常事態の場合はどうだろうか。最終結論をだす時がきたら、どうすればよいのか。

一例を挙げれば、シュミットの言いたいことが簡単には否定できないことだと分かります。たとえば複数の価値に序列をつけずに、終わることのない議論やおしゃべりに興じている間に、戦争や津波などが来てしまったらどうすればよいのか。実際、東日本大震災では、「津波てんでんこ」というキーワードが脚光を浴びました。津波など非常事態のときは、話し合いなど一切せず、まずは自分の身の安全だけを考えて逃げる。議論しないで個人の決断を優先すべきだ、と言うのです。こうした限界状況の体験にしっくりくることばを探していたとき、シュミット哲学は異様なリアルさで筆者に迫ってきました。

現実に働きかけることができず、多様な意見に翻弄されているだけの政治的ロマン主義者は、自分では何も決断していない。民主主義――具体的には、ワイマール体制下の議会――は無駄なおしゃべりだけをして結論をだせない「決められない政治」だと批判したのです（以上、『政治的ロマン主義』）。

たいして、シュミットが条件付きで肯定したのが「ロマン主義的政治」でした。典型例として挙げられたのが、セルバンテスの小説『ドン・キホーテ』で有名な主人公ドン・キホーテです。騎士道という理想への熱狂と不正にたいする激情に憑かれ、自分の判断で正義と不正義を判断することができるのが、彼の特徴でした。ここでは政治とは、自分の側＝友と、相手側＝敵をはっきりと区別し、決然と行為にうってでること、すなわち「決断主義」だとされます。議会制民主主義のような無駄話ではなく、何よりも行動する人の方が評価されているわけです（シュミット自身は、カトリック系保守主義者であり、ロマン主義的政治を全面的に賞賛することはありませんでした）。

シュミットの「主権者とは例外状態にかんして決断を下す者をいう」という有名な定義が意味するのは、戦争であれ津波であれ、例外的で異常な状態において激高し、正義にむかって決断する人物のことなのです。ここでも津波避難の決断の有無を例にもちだせば、簡単に批判することができない迫力が彼のことばに込められていると感じます。

こうしてシュミットの議論を参照すると、議会制民主主義と決断主義の双方が、大きなジレンマを抱えていることがはっきりしてくるのです。

現代日本のドン・キホーテたち

「真面目」に「敵」にむかって行動する「ロマン主義的政治」が、先に触れたネット右翼とまさしく紙一重であることは言うまでもないでしょう。またしばしばシュミットの定義する「主権者」を「独裁者」と読みかえ、安倍政権の政治姿勢を重ね批判する論調もみかけます。シュミットと安倍政権の重なり合いを意識して、姜尚中の先程の時代診察——現政権になってから、ネット右翼的な雰囲気が増してきた——もあるのだと思います。

しかし当然のことながら、主権者とはわが国では国民に他なりません。だとすれば気づくべきは、私たち一人ひとりこそ主権者＝独裁者となり、ドン・キホーテのように善悪を明確に断定し、敵を批判している可能性もまたあるということです。議会制民主主義を否定し、行為に邁進するロマン主義的政治のヒロイズムに溺れている可能性はないでしょうか。

ネット右翼だけではないのです。「ものさし」が不在の現代日本は、善悪の判断をふくめあらゆる事柄を、不安を抱えつつみずから決断せねばならない。饒舌な議論には耐えられず、正義と不正義のはっきりしたワンフレーズに躍らされる可能性は、私たち主権者全員にあるのです。

そう思って眺めてみると、先日、国会前で行われたデモもまた例外ではないことが分かります。安倍首相が独裁者と呼ばれるとすれば、他ならぬ私たち一人ひとりもまた、その特徴においてミニ独裁者である可能性があるはずです。批判しているつもりの人物とおなじ特徴を誰もがもつ可能性がある社会、これが現代日本の置かれている状況なのです。

筆者が国会前デモに「違和感」を覚えたのは、ある高名な大学教授が聴衆を前にして「安倍に言いたい。お前は人間じゃない! たたき斬ってやる!」と叫んでいるのを、咎める人がいなかったときからです。映像をみた瞬間、二つの違和感が一気に襲ってきた。

第一に、彼の心を占拠している正義感とドン・キホーテのそれをどう区別したらよいのでしょうか。この知識人に筆者が「違和感」を感じたのは、批判の矛先が総理大臣という役割ではなく、安倍晋三という個人にむかっていたからです。個人への誹謗中傷や罵詈雑言は、思想的には正反対であるはずのネット右翼のヘイトスピーチに奇妙なまでに似ています。ヘイトスピーチの批判対象が在日外国人であれば同情の対象となり、安倍氏にたいしては許可される根拠は、いったい何処にあるのか。筆者は在日外国人に日々日本語を教えながら生活相談にもかかわっており、差別したことはありません。と同時に、個人的に一切面識をもたない安倍氏にたいしては、彼の性格を戦争好き云々とイメージで誹謗する権利がそもそもありません。

総理大臣という地位のもつ特権的重要性はともかく、筆者は原則的に「人間はみな平等である」という立場なので、前者と後者に否定語を浴びせかける／かけないを分けるその基準が分からない。人間、誰であれ相手を大声で罵倒することはよくないと思うからです。するとおそらくデモ行為を正当化しているのは、権力＝悪、弱者＝善という無邪気なまでの正義感だけしか考えられません。

人はときにみずからの苛立ちや寂しさを公的なものにぶつけてしまうことがあります。家庭内にぶつければ家庭内暴力であり、公的なものにぶつければ、それは金銭と尊敬を獲得し、知識人にすらなれるでしょう。しかし人間はこうした暴力的なものを心に抱えつつ、如何にそれをコントロールするかをめぐって社会思想を紡いできたのです。そして社会秩序の維持形成をはかってきた。

在日外国人への批判は悪、しかし政権担当者へのことばの暴力は善という「善悪判断」には何の根拠もありません。誰しもみな人間である以上、人に罵声を浴びせかけるのは精神の荒廃だと筆者は考えます。彼らの暴力を正当化する唯一の根拠が、「純粋性」にあるのだとしたら、これほど恐ろしいものはありません。動機の純粋性は、結果責任を問われる政治においては、正義の根拠には一切ならない。

ことばを放りだした凡庸な学者

彼らデモをする人は、一見、ラジカルなように見えます。しかしほんとうに「ラジカル」なのは、自分の正義をふくめた社会一切の善悪を、一度はギロチンにかけてみることではないですか。自分のなかの正義の底板を、みずからの力で踏み抜いてみる哲学的勇気ではないですか。おそらくニーチェが主張したことはそういうことだったはずです。

社会全体が砂礫《されき》のように瓦解していくのに呑み込まれ、善悪判断の基準があやふやになることに取り込まれ、「ものさしの不在」に苛立ち、ワンフレーズの正義にすがるくらいなら、知識人である資格などないでしょう。

そうではなく、むしろこの時代状況を見すえ、みずからの手で陳腐な善悪をギロチンにかける思想を生みだすことが、時代への処方箋なのです。安易な自己主張などあり得ないことを肝に銘じ、究極の相対主義の実験に耐えながら。

知識人は今まで何のために「ことば」と格闘してきたのでしょうか。もし現在が非常時であればある程、彼らは必死にこの時のために日頃培ってきた言論で勝負すべきではないですか。

筆者がここでいう「ことば」とは、反原発や戦争反対、反韓、反中などのワンフレーズとは異なります。ことばとは本来、まったく異なる世界観をもって生きている他者、すぐ隣にいるのに世界を別の仕方で理解している他者とのあいだに架橋する営みのことです。自分と他者とのあいだには手探りしなければ分からない壁のようなものがある。だからこそ私たちは抑揚や使い方を意識し、工夫を凝らし続けるのです。

円滑な人間関係とは、発話への不断の緊張感から始まる。にもかかわらず、事態を前にして易々とことばを放りだし、大声で首相に罵声を浴びせるくらいしかできないのでしょうか。これでは学者が政治家に舐められて当たり前です。自分から混乱し、みずからが最も大事だと日頃自負している職業を放りだし、子どもでも言えるような発言をしている。つまり学者という職業を放棄した、暴力的な生身の人間がそこにはいるだけです。

この瞬間、言論という武器を放りだし凡庸な人間になっているにもかかわらず、彼は知識人として壇上に立った。そして誰でも言える罵詈雑言を一政治家である以前の一個人へ投げつけた。

この瞬間、筆者は失望を感じ、続けて第二の「違和感」が襲ってきました。指導者然としてふるまうこの知識人に、周囲の誰ひとり疑問の声をあげる者がいなかったからです。

どうして周囲の人たちは、彼を批判しなかったのでしょう。「俺たちが聞きたいのはそんな陳腐なことばではない。日頃お前が命がけで行っているはずの読書と思索を、ここで開陳せよ」、なぜこう詰めよらなかったのか。

時代や状況が切迫したとき、煽るデマゴギーが出現することは、別段珍しい事態ではありません。もし今回、発言した瞬間に「今この瞬間、われわれの善意が、暴力に豹変した！」と異議を唱える者が一人でもよい、いたとしたら筆者のデモへの評価はガラリと変わった。しかし彼の発言は国会前の空に響きながら消えていった。「失望」と言ったのは、またか……という虚脱感があったからです。このデモもまた、何ひとつ「新しい」ものではないのだと。

政治家という職業を黙々と国会内で続けている人たちは、到底、こんな群衆に国政を任せられないと思ったはずです。つまり知識人は政治家に舐められる可能性を、みずからの手でつくってしまったのだ。政治家にほんとうの意味での威圧感を与えられない行動は、どれだけ自分が昂奮しようとも政治的には「敗北」です。これは知識人として決定的な退却です。まさか自己満足のために騒いでいるわけでもありますまい。

学生も学者も「立ち上がっている」場合などではありません。こうしたときこそ「部屋へ戻れ。そして書物とノートを開き、みずからの心に渦巻く何かを形にする言論を奪還せよ」と筆者は重ねてお願いする次第です。

ネット右翼とデモ左翼

筆者は本章冒頭を「奇妙な矛盾」の存在を指摘することから始めました。村上裕一の時代診察によれば、過激な行動の背景には「疑似家族」的な気分を味わえることが指摘されていました。これをシュミット流に言い直せば、友と敵を明確に分け、敵対する勢力を排除することで友＝つながりを強固にするという意味でしょう。

実際、社会学者の小熊英二は東日本大震災と原発の反対デモについて「みんなが共通して抱いている、『自分はないがしろにされている』という感覚を足場に、動きをおこす。そこから対話と参加をうながし、社会構造を変え、『われわれ』を作る動きにつなげていくことです」とデモの意義を高らかに強調しています。ここで何気なく使われている「対話」ということばが、いかに陰影に富んだ複雑な意味を含みもつかは、シュミットの議論をみてきた本稿の読者は、すでにお気づきのはずです。

さらに反原発デモだけではなく、その他の「行動」事例として、政府以外の情報収集や自治体や学校に苦情を言うこと、さらには自分の判断で避難することなどを、時代への処方箋として挙げているのです（以上、『社会を変えるには』）。実際に被災と自主避難を経験し、さらに自治体や東京電力にそれこそ連日、苦情の電話をかけていた人と近くで接してきた筆者の経験からは、この処方箋にたいし、次のような評価を下しておきます。

すなわち実際、被災地では電力会社や周囲の友人、会社の同僚などに毎日電話や口頭で苦情を言って回る人は溢れていたのです。しかしあまりにもリアルな苦しみを、しかもおなじ内容を、壊れた機械のようにくり返し、くり返し、くり返し聞かされた結果、聞かされる側にもまたPTSDに苦しんでいる人が多数でてきたのです。レストランで味つけが薄いとクレームを言い、百円寿司で「こんなの寿司ではない！」と文句をつける人を見てウンザリしたことがあります。それどころではない苦しみを、「われわれ」被災者は味わっていたことを、つまり「現実」とはそう容易に断定できない様々な立場の苦しみがあったことを申し添えておきます。

こうしてようやく、本章冒頭の「奇妙な矛盾」に戻ることができそうです。「イデオロギーが混在し、思想の左右では国際社会も国内問題も理解できないと嘯く知識人の傍らで、極端な左右の立場が再浮上してきているではないか」という疑問に答えることができるのです。

現在の日本社会では、バラバラな主権者がそれぞれの嗜好に応じて左右の処方箋――ネット右翼とデモ左翼――を飲み下しつつ急速に「決断」と「行動」へと駆り立てられ、「われわれ」としてつながりあおうとしている。小さな「われわれ」が複数乱立し、その小宇宙のなかに所属している限り、確乎たる真実・絶対の正義があるように見える。隣の人と頷きあうことで、みずからの心の純粋性に疑いを抱かなくて済む。つまり解体した社会状況と、一気に一つの思想に吸収されたいという気分は、二つながら私たちの心に同居している。不安を接着剤にして。左右保守革新の別など何もない。

以上のように筆者は時代診察をしつつ、誰も言わない行動としてことばを練る重要性を処方していることは、先に申し述べた通りです。「他者」とは、容易に分かりあえず、つながることがほんとうに難しい存在である。あるいは善悪で世界を理解した気にならずに、善悪の亀裂のあいだにこそ豊かな思索とことばの生まれる場所がある、これが筆者を貫く思想の前提にあるのです。

差別論――何が「自由」を衰弱させるか

入れ墨とプライバシー

思想や文学がもつ凄味とは何でしょうか。それはたぶん一つの事件・事故から人間とは何か、自由とは、国家とは何か――こうした百年以上考え続けるべきで、しかも何百年も前から考えられてきた問題に取り組めるからだと思います。

事件が起こる。周囲の騒がしい発言がはじまる。だが何となく「違和感」がつきまとう。調べてみると昔の人がおなじ問題について悩み、もっと深くて面白い提言をしていることに驚く。本のなかの過去の偉人の声が、自分の違和感にぴたり重なる。戦慄のような感動が襲ってくる。

前章では、過剰な行動に走りやすい現代日本社会を診察し、安易に正義感に溺れ自己主張することの愚を説きました。本章では、具体的な事件を題材に、その「自己主張」

のあり方をもう少し掘りさげてみましょう。

二〇一四年末のことです。一つの事件をめぐる判決が大阪地裁で下されました。筆者のみるところ舞台俳優は四人。取り組むべき「課題」は二つになります。

まずは最低限、事件のおさらいをしておく必要があるでしょう。

場所は大阪での出来事でした。大阪市の児童福祉施設で職員が、児童に入れ墨をみせ脅しをかけたという報道が、二〇一二年二月にありました。市民の批判に後押しされて、橋下徹市長の号令のもと、一部をのぞく全職員にたいし入れ墨の有無を尋ねるアンケート調査が行われたのです。

その際、後にこの裁判で原告となる市バスの運転手をふくめ、六人がアンケート提出を拒否し、いずれも懲戒処分となりました。なかでも五十代の市バス運転手は、上司である市交通局長に呼びだしをくらい、配置転換まで強制されました。それを不服として、憲法の「プライバシー保護の権利」等も問うかたちで提訴に踏みきったのです。

原告である市バスの運転手は、まずは上司の一連の行為を不服として裁判にうってでました。中垣内健治裁判長によって判決が下され、原告の訴えを認め懲戒処分の取り消しを指示しました。また同時に、大阪市が個人情報保護条例に基づいて、入れ墨調査を実施したことも不当であると判断しました。二つのことについて市バス運転手（原告）は勝利をしたわけです。

ここで議論された「大阪市個人情報保護条例」とは、次のようなものです。

第6条　実施機関は、個人情報を収集しようとするときは、個人情報を取り扱う事務の目的を明確にし、当該明確にされた事務の目的（以下「事務の目的」という。）の達成に必要な範囲内で、適正かつ公正な手段により収集しなければならない。

2　実施機関は、思想、信条及び宗教に関する個人情報並びに人種、民族、犯罪歴その他社会的差別の原因となるおそれがあると認められる事項に関する個人情報を収集してはならない。ただし、次の各号のいずれかに該当するときは、この限りでない。

(1)　法令又は条例（以下「法令等」という。）に定めがあるとき

(2)　事務の目的を達成するために必要不可欠であると認められるとき

いきなり難しい条文がでてきたからと言って、あわてる必要はありません。この事件

をめぐる登場人物は四人います。①原告の市バス運転手、懲戒処分にした②交通局長、被告にあたる③橋下大阪市長、そして判決を下した④大阪地裁の裁判長です。読み進めるうちに、本章の主人公は③と④だと分かるでしょう。

さて、この事件と判決をめぐっては、新聞各社が「プライバシーの侵害を批判すべきか、それとも公共の福祉が優先か」といった問題意識で報道を行いました。

プライバシーの侵害とは、個人に固有の内面に他人や国家権力などが土足であがってくることを禁止したもの、と考えればよいでしょう。一方、公共の福祉とは、一般の市民にとって安心して生活できる環境を整えるという意味だと思います。内面を大事にするか、あるいは公共の安全のためには多少の介入を許すのか——これが争われたというわけです。

「橋下現象」と「社会的差別」

しかし重要な論点は全く違う点にあるのではないか、と筆者は直感しました。裁判長が条例を詳細に読み解きながら問題とし、判決を下した「課題」と、原告の市バスの運転手が解決したい「課題」がズレていることが、まずはこの問題を考える手がかりになります。

何かおきれば、くり返し紙面に躍るプライバシーの侵害。この課題は、実はほんとうの「課題」ではないのではないか。先に「舞台俳優は四人いて、課題は二つある」といった時の「課題」は、別のポイントにあると思ったのです。課題にわざわざカッコをつけた理由です。

では筆者の考えるほんとうの「課題」とは何か。まず第一に、原告の市バス運転手が勝訴の際、「やってはいけない調査だと司法が判断してくれた」と喜んでいること、新聞各社が「『橋下流』強権にクギ」あるいは「強硬な『橋下流』の限界か」などと書いているのが手がかりになります（以上、毎日新聞、二〇一四年十二月十八日大阪朝刊、読売新聞、同日大阪朝刊）。

つまり原告による入れ墨調査批判は、橋下氏がこれまで行ってきた市政、府知事時代から続く政治姿勢にたいする対抗措置として行われたものなのです。

市バスの運転手は、驚くべきことに入れ墨をしていませんでした。ではなぜこんな面倒な事態になったのか。上司に入れ墨がないことを確認してもらいながら、彼はなぜあえてアンケートへの回答は拒否したのか。彼の批判の矛先が、橋下市政の手法へむけられていたからです（第一の「課題」）。

しかし、当然のことながら、裁判官がこれまでの橋下市政そのものの是非を問い直すことなどありません。よって裁判は、入れ墨調査をしたこと自体の是非を争いました。最大の争点は、入れ墨が社会から蔑視される可能性があること、つまり「社会的差別」の有無こそ重要な争点となったのです。「判決の要旨」を読んでみると、大阪市の調査は差別の原因の恐れがある個人情報に介入した、だから条例違反だとはっきり判断を下しています。

以上から、私たちが問題にすべき「課題」が二つあることがあきらかになります。第一に、橋下市政あるいは「橋下現象」とも呼ばれる政治手法とは何なのか。第二は、市民から「社会的差別」をされるかもしれないから、入れ墨をしている人は護るべき、という司法判断についてです。つまり「社会的差別」とは何かという「課題」です。

二点をはっきりと分けなければいけません。すぐにプライバシーの侵害に断固抵抗すべきとか、権力による差別の助長だ！　などと騒ぐ前にすべきことが山ほどあります。思想と文学を順次動員する段階に入りましょう。

屈折した自己表現

まずは第一の「課題」についてです。二〇一二年末、橋下氏をめぐる記事が雑誌の一面で躍っている時期がありました。橋下氏のまさしくプライバシーを侵害するような個人史を暴《あば》きたてる発言が、識者のあいだでも跋扈していたような気がします。それが一段落した後の現在、もう少し冷静に「橋下現象」とも呼べるものを、取りだしてみることができます。

氏の家族に過去どのような悲劇やドラマがあったのか、筆者には興味がありません。また持つべきでもありません。ただ橋下氏が、高校時代ラグビーに打ち込みながら大学卒業後、弁護士となりテレビ出演していた時には髪を染めサングラスをしていたこと。そして大阪府知事となり、ある機会に偶然、筆者は講演を目の前で聞きましたが、そこで「上司の言うことを聴かない部下など、どこでもやっていけない。私の言うことを聴くべきだ」といった趣旨の発言をしていたことだけで十分です。

ここには矛盾があります。弁護士時代、まだ世間が橋下氏を「受け入れて」いない頃、彼は自己主張の一つとして、茶髪にサングラスの出立ちで登場してきました。世間を振り向かせたい、自分を見てほしいというのは、自分がなりたい位置づけに未だ収まっていないというシグナルです。「異様」な出立ちは、屈折した自己表現の典型なのです。人から何か指示されるのは気に入らない。社会全体が、自分から見れば苛立たしく、沈滞していて「よくない」ものに思える。そのとき氏は髪を染め、自分への注目をもとめていました。

そしてようやく自分が認められ、逆に人を指示する側にまわったとき、彼は髪を染めるのをやめ、サングラスをとった。社会を直視できるようになったからです。今度は人びとに自分の意見を聴くことを求め、礼儀正しくなれと言っているのです。

毛羽立ったことばと行動

ところで、橋下氏にたいする批判や警戒心が溢れかえっていることを、私たちは知っています。その政治手法を「ハシズム」と名づけたメディアをはじめ、彼を独裁者呼ばわりしている人は多くいます。しかしながら、筆者がそういった橋下批判に疑問をもち、わざわざ「橋下現象」とカギ括弧つきで言うのは、次のような理由があるからです。

自分の怒りや苛立ちをどうすることもできない人間にたいして、叱り飛ばし否定する知識人は、実はＰＴＡのおばちゃんよろしく、説教＝啓蒙しているにすぎません。そして啓蒙主義は、ぜったいに人の心には届かない。社会を斜に構えて眺めている人間は、さらに殻を閉ざし、みずからが世間から理解されていないという苛立ちを増幅させるだけだ。

結果は見えています。怒りを爆発させるか、あるいは凄まじい努力の後に、どうしても自分を世間に認めさせようとするかのいずれかです。「橋下現象」に、啓蒙的なお説教や「あなたは危ない」式のことばは何ももたらしません。それどころか、連続する強行的な裁判は、彼がますます怒り、とにかく勝利を欲する負の意欲をかき立てる燃料になっているとしか思えないのです。最近の大阪都構想の敗北と、リニューアル版「おおさか維新の会」の立ち上げなどは、彼の努力がいまだに続いている証しです。

橋下氏の度重なる攻撃的発言も、彼を注視・喝采・批判するジャーナリズムも、さらに警告を発する自称知識人のお説教も、どれもが怒りをふくみ毛羽立っている。荒涼としたことばの世界が、言論界を、ジャーナリズムを、つまりは日本全体を覆っている。筆者にはそうとしか思えません。

政治はめまぐるしく変わるため、すでに忘れた方も多いでしょうが、一時期、太陽の党の石原慎太郎と維新の会の橋下氏が手を組んでいた時期がありました。残念ながら、毛羽立った心を包み込むような父性、父親の包容力を石原氏はもっていませんでした。『太陽の季節』でデビューした作家が、太陽の党をもって老年をむかえた以上、彼には青年の過剰さと暴力こそあれ、包容力を期待することは難しい存在だったと思います。石原氏が政界を引退した今、孤立した少年のまま橋下氏は政治を続けねばなりません。彼はついに政治の世界においてその存在を認め、包容してくれる父をもてなかったのです。

そのとき、たとえ入れ墨調査が正しい政治的判断だとしても、これまでの毛羽立った行動の連続が、政策の実現を困難にした可能性は大いにあります。つまり、正しい政策までも通らなくなる環境を、橋下氏自身がつくってしまったかもしれない。これは政治家として、しかも究極の混乱の際に大英断をくだす権力をもつ政治にかかわる者として、決定的な失策ではないでしょうか。

こうして第一の「課題」に結論がでました。主人公のひとり、①市バスの運転手は実はそれほど重要な存在ではありません。彼が直感的に反旗を翻した「橋下現象」、これが政治にもたらす影響こそ、注視せねばならなかったのです。

網野史観と差別の表象

では、第二の「課題」とは何か。四人の舞台俳優のうちの一人、④大阪地裁の裁判長が下した判決に、手がかりがあります。

大阪市が職員に課した入れ墨調査について、裁判長が問題としたのは「社会的差別」の有無をめぐってでした。言いかえれば、入れ墨の有無が分かった場合、その人が社会から差別され疎外される。蔑視され社会から排除される怖れすらあるのだ――突き詰めれば、こういう結論になるでしょう。

第二の「課題」の核心は、すでに右の数行のうちにでています。問題は、裁判長が心配し、配慮している対象が入れ墨をした人にある点です。裁判長は差別をする社会、市民の側については評価を一切下していません。裁判長のまなざしは、差別の可能性を前提に、差別される可能性のある人、つまり入れ墨をした可能性のある人物への蔑視と排除の危険性をなくしたいと考えているのです。

では、「社会的差別」とは何なのでしょうか。私たちにとってそもそも差別とは何なのか。

ここで広く歴史を見渡す必要がでてきます。日本史の分野で巨大な足跡を残し、後に

「網野史観」と呼ばれる独自の歴史観で有名な歴史学者が、網野善彦です。彼は中世から江戸時代へと時代が移り変わる変化のなかで、差別が生まれてきたのだ、という独自の歴史観を提示しました。

必要な限りで、もう少し詳しく説明してみましょう。網野にとって、中世は非常に魅力的な時代であるとともに、その魅力が次第に失われていく過渡期の時代でもありました。

中世には、河原や神社の境内など、ふだん人びとがよりつかない場所に市がたち、商業行為が行われた。また「婆娑羅《ばさら》」などと呼ばれる異様な風体をした者たちが、世の中のそこかしこで活躍し、ときに社会を支える重要な役割をしていたのです。「非農民」と呼ばれる行商人が列島を自由に移動しかけめぐり、また驚くべきことに後醍醐天皇は、こうした社会からみれば異様とも思える人と積極的に交流し、評価もし、彼らの力を利用さえしていたのです（以上、『異形の王権』）。

こうした混沌とした中世に終止符がうたれたのが江戸時代でした。中世まで列島を蠢《うごめ》いていた異様な風体をした人びとが、江戸幕府によって関所が設けられ、管理の対象となり土地に縛りつけられることになったのです。差別がはっきりと姿を現したのは、この時期からだ、というのが網野史観の結論です。これまで社会のなかで自由な移動を許され、またときに天皇とすら結びつき重要な役割を担っていた非農民、異形の者、婆娑羅などはこのときから、社会の外側に排除されるもの、違和として区別＝差別され始めたのです。

網野史観は、こうして中世から順に近世、近代と徐々に時代が悪くなる「下降史観」をつくりあげました。網野史観への賛否を問う必要は、ここではありません。今回の「課題」、つまり入れ墨をめぐる「社会的差別」との関係で網野を取りあげるのは、以上の事実だけで十分なのです。

「差別」のもつ摩擦熱

私たちにとって大事なのは、次のような点です。網野史観が江戸時代いらい始まったと考えている差別は、社会全体が一定の秩序とルールを生みだし、その秩序に反すると見なすものを排除するという意味でしょう。人間が社会を営んで行くうえで、日の当たる場所、眼に触れやすい場所においておきたくないと判断したものにたいし、境界線を引き内側と外側をつくる。これが区別であり、善悪正邪の価値判断が加われば差別になるのです。

たとえばセックスについて、公の場で大声で話すのは慎むべきだとふつう考えられています。秘められているべき、内密であるべきだと前提にしているのです。逆に言えば、秘められ、時に嫌悪感と快感が同居しているからこそ独自の興奮と美しさ、猥雑さをもち、惹きつけてやまない行為なのです。

これから分かることは、社会の秩序やルールとの激しい緊張関係があってこそ魅惑的になり、興奮し、場合によっては人から否定されもする行為があることです。差別という問題が微妙で繊細で、しかもまた賛否をめぐって興奮を引き起こす理由はここにあります。私たち自身の心のなかには秩序とルールがある一方で、破壊して乗り越えてみたいという欲求もある。この二つの摩擦熱にこそ、差別のもつ根本的な原因があるのです。だとすれば、入れ墨の有無をめぐる④裁判長の判決について、次のように言えるのではないでしょうか。

裁判長は判決要旨のなかで、憲法十三条との関連から「社会的差別」を取りあげ、入れ墨をしていることは個人情報にあたること、社会的抵抗感、嫌悪感を示す市民が多いことを指摘しています（地裁判決では、今回の調査の強制は憲法には抵触しないものの、条例違反であると判断しました）。市民が注視する可能性が高い、だから「プライバシー情報」にあたると付け加えるのです。

その上で、こう言い募るのです。「個人の私生活上の自由の一つとして、何人も入れ墨をしているとの情報の開示を公権力によって強制されない自由を有する」。

筆者はこの文章を眼にしたとき、愕然《がくぜん》としました。自分が読み間違っているではないかと思い、何度も読み直しました。ほとんど驚きのあまり赤色のペンを手から落としそうになりながら。

「自由」とは何か

なぜ筆者がそれほどまでに驚いたか。

ここでの「自由」が、あまりにも砂糖菓子のように甘く、すぐに溶けてしまうような活力を欠いたものだからです。

入れ墨をしている人を、社会は怪訝《けげん》な眼差しで見るだろう。多くのばあい、差別が起きるかもしれない。これでは入れ墨をしている人の内面＝プライバシーが危険に曝《さら》されるではないか。「自由」が奪われてしまうではないか。司法はそれを防ぐべく、率先して個人の自由を保護する必要があるのだ――こう判決は言っているのです。

だがしかし、本来、入れ墨をするという行為と決断は、たとえ反社会的であっても行う強い意志の表れではなかったか。網野史観であれば、異形であり婆娑羅であり、人びとから不快の眼で見られてこそ、輝きを放ち彫り込んだ意味があるのではないですか。嫌悪され奇異の眼で注視されてもなお、主張すべき「自己」がある。ときには現実社会のルールに反対のメッセージを浴びせかけ、公序良俗に揺さぶりをかけてこそ入れ墨をふくめた反社会的な行為には「意味」が、自由が顕現するのです。

それを筆者はほんとうの自由であると今、ここに断言します。

社会的差別を受けることは分かっているはずだ。「にもかかわらず」行うからこそ入れ墨には興奮と気概、見得をきるというエロスが立ち現れるのです。妖艶な女性のしなやかな肢体に入れ墨を施す行為が、どれほど人間にとって禁忌であり、甘美でもあるかは、たとえば車谷長吉が小説『赤目四十八瀧心中未遂』で、克明に描きだしているではないか。

エロスとは、禁止を破るときに起きる高揚です。社会から差別的視線を浴びることは織り込み済みのはずだ。しかし裁判の判決はここで一気に反転し、「差別されてはかわいそう」という論理のもとに、市バス運転手をふくめた公務員を「かばってあげる」のです。裁判長は社会的差別から、あたかも入れ墨を保護するかのような文章を書いたのです。

これは二重の意味で深刻な問題です。第一に、裁判長は入れ墨をして社会に反旗を翻す「自由」を奪ってしまっていること。第二に、何よりも深刻なのは、入れ墨をしている人たちが公権力であれ市民社会であれ、何かの視線から保護されたことに、なぜ怒りを感じないのかということです。

自由とは、ときに公権力や市民の蔑視にさえ、毅然としてノンをつきつけるものではないのですか。にもかかわらず、自分たちの身体に込めたメッセージを、事前に司法によって骨抜きにされ、なぜ怒りを感じないのでしょうか。逆に、個人のプライバシーが護られた？　などと喜んでいられるのでしょう。事態は逆です。今まさに自身が身体をかけて自己を誇示しようとしたその瞬間、司法に抱きしめられてしまった。牙を抜かれたことになぜ気づかないのか。怒らないのか。

衰弱した自己と微温的自由

もし筆者が彫り物をしたとすれば、せっかく一般人との違いを誇示しようとした瞬間、「大丈夫だよ、普通だよ」と言われれば、がっくりと肩を落とします。

こうして筆者が主張する二つの「課題」が、最終的にあきらかになったようです。

入れ墨をめぐる四人の舞台俳優が演じた劇で、主役は二人いたのでした。③橋下徹大阪市長と、④地裁の裁判長の二人です。プライバシーの侵害の是非、国家権力の介入の拒否、個人の自由を剝奪するな、いやいや国家による市民の安全管理の方こそ大切だ——こうした結論のでない議論は、これからもくり返されるかもしれません。

しかし筆者はこうした議論は見たくもありません。問題の本質をつかない議論をするのは、好きではないからです。ほんとうの課題だと思えるのは、大阪市長あるいは裁判長を個人的に批判することでは絶対にない。具体的事件から炙りだされる人間への、自由への尽きない興味なのだ。

私たちが主張している自由、あるいは自己の権利というものが、この判決を喜ぶような程度のものであること、生の躍動の衰弱と微温的な自由の主張、ここに戦後日本を七十年にわたって冒してきた精神の危機が表れている。

社会に反する振る舞いに及ぶならば、相手に殴られ蔑視されてこそ、むしろ自己の存在を確認できる。そのくらいの覚悟とエロス、快楽への強い意志を示してこそ、力強い自由と自己主張を奪還できると思うのです。

教育論——「権威とサービス」は両立するか

道徳教育に昂奮する人びと

二〇一五年三月二十七日、小中学校の道徳教育について新たな学習指導要領を文部科学省が告示しました。教科書作成の指針となる「指導要領」の解説作成が決定され、なかでも特筆すべきは「道徳教育の教科化」が、現実的に動きだし始めたことです。教科化の背景には、イジメ問題への国としての対応があるとされています。

おそらく今後、子どもに価値観を強制すべきか否かが、新聞やジャーナリズムを賑わせることになるでしょう。「そもそも子どもが健全に育つにはどうすべきか」という誰もが賛同する根本的課題を置き去りにし、保守的言論陣営を罵倒する人たちと、逆に彼らをつねに日教組やマルクス主義左翼呼ばわりして批判するという、お馴染みの二項対立図式にはまって行くような気がしてなりません。

ところで今から三年前、二〇一三年の年明け早々、いやなニュースが紙面に載りました。大阪市の高校二年生が、所属するバスケットボール部の顧問から事実上の体罰をうけ、翌日に自殺しました。おなじ高校の他の部活担当の教員も、やはり暴力をふるっていたようです。教育委員会の隠蔽体質が指摘され、死へ追いこんだ顧問教員への批判と人格攻撃などが連日マスコミで報道されました。したり顔の教育評論家が、テレビで耳ざわりの良い正論を垂れ流していました。

たしかに連日、報道はされていたのです。しかし筆者には何か決定的なことが抜け落ちているとしか思えなかった。とても大事なことが書かれず、話されないままに、若者の死がふたたび「いつもの事件」とおなじ論理に回収され、忘却されてゆく――。

では、いったい何が「違和感」をかき立てたのか。何が抜け落ちていると感じたのか。

この事件に先立つ二〇一二年十月、隣県の滋賀県大津市で、中学二年生がイジメのはてに自殺したことを思いだす必要があります。二つの事件の加害者には、大人と子どもという大きな違いがあります。部活の顧問と、生徒がそれぞれの事件を引き起こしたからです。

ところが一般の人からすれば、二つの事件はともに教育現場の問題、とりわけ「先生の問題」に見えます。体罰をあたえた教師と、子ども同士のイジメに有効な手段を打てなかった教員、つまり「学校の先生は何をしていたんだ！」という問題になってしまう。教育問題は、様々な角度から論じることができますが、本章では「学校の先生と権威」という観点から、違和感の正体をあきらかにします。道徳教育の是非で昂奮するその前に、やるべきことは次のような事実を直視することではないでしょうか。直視しないからこそ、イジメ問題はいつまで経ってもおなじ議論をくり返しているのではないのか。

戦後教育をめぐる二項対立

イジメがはびこるのは、先生が教育を怠っているからであって、体罰を含めた厳正な教育を行う必要がある。時に暴力的であろうとも、イジメはしてはならないと先生は徹底的に「教え込む」べきである――こういった意見があります。

しかしほぼ同時反射的に、部活担当教員の体罰事件が頭をよぎるのもたしかです。そこから、いかなる暴力も許されない、教師は生徒の自由を尊重するべきであって、どのような威圧的行為も許されないという意見がでてきます。

ここには教育のあり方をめぐって二つの意見の対立が現れています。毎回くり返される、古くからお馴染みの対立が現れている。

簡単にまとめると、「子どもにたいして、きびしく規律を課すべきか、それとも子どもには自由を与えるべきか」になります。子ども中心主義を重視し何でも自由を認めるか、それとも管理教育にすべきなのかという図式です。テレビなどのマスコミに登場する意見は様々ありますが、結局はこの対立に落ちつくことが非常に多い。

筆者の違和感は、彼らの論争に由来します。一見異なる二つの意見は、実はおなじ穴のムジナのように思えてならない。私たちはいったんマスコミの刺激的な「ことば」から眼をはなし、冷静さをとり戻さねばなりません。実際の教育現場の感覚をできるだけ尊重しながら、冷静に診察すると次のようなことが言えるはずです。

たとえば社会学者の菅野仁は、教育の世界における極端な意見の対立はあぶないと指摘しています。菅野氏によれば、戦後日本の自由主義教育は完全に行き詰っています。氏の言う「戦後日本の自由主義教育」とは、子どもの欲望や思いを、自主性あるいは意見だとして尊重し全面的に肯定し、開放と自由を重んじる教育という意味です。

一方その反動として徹底的な管理教育をすべし！　という意見が必ずでてきます。子どもは、大人になる前の成長段階にあるのだから、彼ら彼女らの欲望を意見と考えるのは間違いだ。まずは先生が徹底的な管理教育をし、躾をおこなうことが大事なのだ――

こういう反対意見が登場すると菅野氏は言うのです（『教育幻想』参照）。

ではこの意見の対立が、なぜに筆者に違和を感じさせるのか？　それは次の三つの理由からです。

第一に、「政治」が先行し、教育現場が置き去りにされるからです。

第二に、第一とは逆に、学校という場を重視しすぎていることも問題です。

第三に、不毛な二項対立からは、現代社会全体の問題と先生の状況の深い結びつきが見えないということです。

それでは、第一の問題から診察することにしましょう。

「自由」という名のイデオロギー

今見てきた「二つの意見の対立」は、かならず敵対する側をするどく批判し、自分の意見の正当性を示そうとする傾向があります。自分なりの「像」を創りあげ、それを否定・批判することで自分側の意見を鮮明なものにしようとします。

あまりにエスカレートすると、「管理教育や道徳教育は戦前の体制の復活だ！」といった議論になり、はては「民主主義教育にたいする挑戦だ」とか、「危険思想だ！」などという意見にまで凝り固まっていきます。

しかし少なくとも筆者には「管理」「戦前」「民主主義教育」さらに「危険思想」などという概念は、まったく意味が分かりません。「管理」とは何なのか、「戦前」とはどんな時代だったか、「民主主義」をなぜ無条件に正しいと思えるのか、さらにはあなたのいう「危険」とはいったい何をイメージしているのか……。

こういったイメージの氾濫に、身震いするほどの嫌悪感を禁じえないのは、彼らが自分自身をすこしも疑っていないからです。彼らの眼はキラキラとかがやき、自分の正義をにぎりしめ他者を批判する。自分の頭のなかでできあがった正義＝民主主義と、管理＝戦前＝悪などの図式を少しも疑っていないのです。

自分の考えを絶対の正義だとし、それに反する意見には悪のレッテルを貼る。そして危険だとか、反動だとか、はては保守的だという意味不明な罵倒のことばで否定する。これこそ実はもっとも危険で反動的な行為ではないでしょうか。似たような景色を、筆者はすでに「デモ論」で指摘しておきました。

もっとも、批判される側の管理教育肯定論者にも、この傾向は少なからずあります。

しかし彼らの自由主義教育への批判が、戦後の教育界を支配してきた過度の自由礼賛にたいする違和感からでてきた以上、彼らには同情の余地があるというのが筆者の立場です。それについては追い追いあきらかにします。

戦後教育のいう自由な教育とは、実際には、あまりにも政治的なイデオロギーに満ち溢れた「自由」であり、生徒の意見の尊重などとはかけ離れていました。自由こそ絶対というイデオロギー教育だったのです。

第一の結論を言います。自由尊重と規律重視いずれの立場にたつとしても、無意識のうちに「政治問題」になることが最も危険なのです。道徳教育は大人たちを昂奮させ刺激し、口角泡を飛ばして議論している気分にさせる可能性があります。しかし教育改革という国家と政治がかかわる部分と、教師の活動や教育のあり方＝日々の行為はまったく別モノです。当たり前のことですが、政治は大きな制度改革をおこなうことが仕事であり、実際のこまかい教育内容までは眼が届かないし、届くべきでもないのです。

政治と日常、この区別をきちんとしなくてはいけない。それがいい加減だと、教育問題はすぐに政治好きの連中が飛びつき現場を忘れる道具になる。あるいは「現場が分かっていない」という政治批判になるかどちらかになる。政治が現場を分からないのは当たり前のことであり、十年先二十年先の日本の教育を見すえ、大ナタをふるうだけで結構だ。以上の注意点をふまえながら、政治をいったん傍らに置き、学校教育の現場に問題を限定し考えてみましょう。

教師は聖職かシッターか

学校の先生は、あまりにも多くのことを期待されています。教育という神聖な行為を行っている場所というイメージから、そこに君臨する先生は、子どもたちに「人間としての生き方を教える必要がある」と期待されます。

たとえば、自由主義教育を重んじる人であれば、子どもたちに自由の重要性、自主的に意見を発表することの重要性を一生懸命、教えなくてはいけません。

他方で、規律重視型の教育を主張する人からすれば、学校教育こそ人間としての生き方を教える道徳教育の場ということになります。つまり、いずれにせよ期待どおりに先生がふるまうとすれば、彼らはかなりの時間を教育につかう必要がでてくるのです。

イジメを事前に見抜けなかった、生徒の苦しみを放置したといった批判が学校に激しくぶつけられるのも、先生は子どもの苦しみを分かっているべき存在、つまりは道徳的な存在であることが当然のように前提とされ、強く求められているからです。

ところが、先生の仕事はそれだけに限るわけではありません。

本来であれば、家庭や近隣の人によって担われてきた眼に見えない業務を、現在の先生たちは膨大な量、引きうけている。自由であれ規律であれ、人間力の育成の問題は家庭環境や地域のサポートを抜きしては考えられません。しかし今、そのサポートがない。

もっとも簡単な例を挙げれば、仕事をかかえ共働きで都会生活をしている両親には、子どもを何人も産み育てるだけの余裕がありませんが、地方で祖父母がいれば、子どもの保護を複数の大人たちが担当できます。結果、子育ては圧倒的に楽になり、教育を複数の大人たちが見守ることができるのです。

都会は家庭や地域のサポートがきわめて限定的です。カネという資本主義の論理が入り込んで、はじめて育児サービスが提供される都会では、祖父母や地域といった無償の支えが期待できません。

だからこそかえって、教育をおこなう学校という場が、過剰なまでにサービスを期待されるのです。両親だけでなく、マスコミまでもが無意識のうちに学校の先生に無償の支えを期待している。

小学校の先生であれば、算数・国語・社会を教え、休み時間に理科の実験の用意をし、授業が終われば事務仕事があり、場合によっては家庭科や保健教育まで担当する……。そう言えば運動会の準備もありました。本来であれば、地域の大人が支えるはずの教育の大半を、学校の先生が担うことが期待される。能力上引きうけられる以上の役割を、都会の先生は特に求められているのではないでしょうか。

以上が事実だとすれば、きわめて重要な時代診察が可能になります。今、先生は「矛盾した期待を背負わされている」という診断結果がでてくる。どういうことか。

まずは神聖な教育をあたえる存在として、尊敬をうけ道徳的に優れた人間であることを期待される。子どもを教導する役割です。

しかし一方では、教育者という立場からは考えられないような雑務を引きうけ、過剰なサービスを要求され、世話係を押しつけられているのです。先生は、尊敬される存在なのでしょうか。あるいはベビーシッターとおなじなのでしょうか。

自由を教えるのであれ、規律を教え込むのであれ、「二つの意見の対立」からは先生たちの置かれているこの現状が見えてこない。政治的に昂奮するなどもっての外《ほか》なのです。学校教育への過大な期待の反面で、このような現状を見落としている可能性があります。「何を教えるか」という内容以前の問題として、まずは先生たちがこの矛盾のあいだで引き裂かれていることが、決定的に見落とされている。

福澤諭吉の教育論

学校の役割について、興味深い指摘をした思想家の診察結果を聞きましょう。福澤諭吉のことです。一万円札でおなじみの福澤は、非常に多面的な人で、国家・経済・政治などあらゆる分野で啓蒙的な発言をした人物ですが、その彼が教育と道徳の関係について重要な指摘を書き残してくれている。

福澤が明治十五（一八八二）年に書いた著作に『徳育如何』というものがあります。今風に訳せば「道徳とは何か」というタイトルになるでしょう。そこで福澤は次のように言っています。

教育は人間力を育成するために重要な要素であるが、あくまでも発達を助ける二次的な働きをするにすぎない。根本をつかさどっているのは、先祖伝来の能力と、家風と、そして社会全体の輿論によってである。だから昨今の人があまりにも学校教育に期待して、学校にさえ入れれば自由自在に望んだような人間ができあがると思うのは間違いである。

ここで特に福澤は、「社会はあたかも智徳の大教場と云ふも可なり」と言って、時代の雰囲気こそ最大の影響力を人間形成にもたらすと主張します。

ところが当時、若者たちが政治ばかりを論じ、社会を乱しかねないと警戒する人たちが「教育が不完全だ。道徳教育を奨励しないから、こうした困った若者が増えるのだ」と憤慨していました。それにたいし福澤は、自分自身もおなじ危機を感じているが、解決方法がまったく違うのだと言った。

福澤の時代評価は、たいへん面白い問題をふくんでいます。彼は明治十五年当時、社会全体の風俗が乱れていることを認めたうえで、しかし、この乱れを学校教育だけで治そうとするのは不可能だ、と診察を下した。学校教育の現場で生じている事態は、社会全体を分析しないことには解決策が見いだせないと「診《み》た」。

百年以上前の福澤の主張は、現在の「二つの意見の対立」問題にも当てはまります。自由主義教育の行き過ぎを批判する側が、イジメ問題全てを学校での規律不在・道徳教育の怠慢だと考えるのは、福澤からすれば保守的で大袈裟だ、ということになるでしょう。

また一方で、自由主義教育を礼賛する人びとが、往々にして子どもの自由を尊重するというよりも、実際には「自由であるべきだ」式のイデオロギー教育をしている場合も、おなじようにナンセンスということになります。教室で勝手気ままますれすれの行動を許すのが、人間の自由につながっていると考えるのはどう見ても大袈裟であり、社会では通用しないことは誰でも知っています。それを知らずに卒業していった子どもたちが、後々苦労することを考えれば、これほど無責任な教育はないではないか。

福澤の議論のポイントは、学校という場で浮上した問題が、実は学校現場をいったん離れ、当時の社会全体の問題として考える必要があるという点にあります。積み上げられてきた先祖伝来の習慣、家庭の雰囲気さらには時代の気分全てが、ひとりの人間を育て上げてゆく。だから学校で問題視されていることは、時代状況を考慮に入れないと分からない――これが福澤の診察だったのです。

だからこそ現在、教育にまつわる入手しやすい新書などの多くが教育制度論か、あるいは身近な経験・事例の列挙・追求に終始しがちなのが問題なのです。国家がつくりあげた制度を論じ他国のそれと比較するだけでも、その反動で一つひとつの事例に密着した現場重視主義でも問題は解決できない。

権威の残り香

では、福澤にならって現代社会をどう診るか。筆者は、現代社会の根本問題のひとつに「権威の喪失」があると思います。本書の「はじめに」や「デモ論」のネット右翼などの原因を分析した際に述べたように、現在の日本社会は「ものさしの不在」が支配しつつあります。学校ならば、これまで教室内の善悪の判断基準やルールを教える、つまり「ものさし」の役割を果たしてきた先生の権威が失効しつつあるということです。

先生が生徒とお友だち、あるいは兄弟のようになっているのはそのためです。結果はすでに述べたとおりで、実際の現場では、保護者からもベビーシッター並みのお願いをされることもしばしばです。「うちの子どもは虚弱だから、別室で特別に試験を受けさせてほしかった。なぜ、そうしなかったのだ！」と怒鳴りつけてくる母親は、この手の人だと言っていいでしょう。

ある程度、先生に権威を感じていれば、自分の子どもの特別な資質をまえもって相談し、そのうえで学校という公の場にどう位置づけていくのか、話しあう時間をつくってもらいたいとお願いするはずです。

ところがこのように、先生はベビーシッターのように扱われる一方で、道徳あるいは自由を教える「神聖な存在」であることも求められている。実は先生の権威が完全に失われたわけではないこと、これが最大の問題なのです。

先生という立場がもつ権威の残り香、ほのかに漂ってくる聖職のイメージが、今度は容易にマスコミなどの餌食になっている。先生がイジメを見過ごすとは何ごとだ！　とか、先生の性犯罪がことさらにマスコミで取り上げられるのも、先生という仕事には特別なオーラがあるからです（おなじことが警察官にも言えます）。先生には、特別な倫理観が求められるという考えが社会の無意識の前提にある。

また、先生がルールを強制するとは何ごとだ！　とか、生徒は自由であるべきで強制はすべきでない！　という自由主義教育論の立場も、権威を前提とした上で、否定の気分を助長さえしています。自分自身が先生であるにもかかわらず、ある種の善良な気持ちから、一層自分の権威否定を加速しまう。

ですから先生は今日、実際の権威を失ってきているのに、権威の残り香を執拗に責めたてるマスコミや世間によって、「御上たたき」の材料にされている。

こうして信じられないような「雑務屋」になりながら、イジメ問題など先生が取り組むべき核心的問題で失敗をすると、今度は「聖職者」として対応を迫られ批判される。膨大な仕事のうえに、さらに対応のための会議が開かれ……そんな事態に陥っている。

権威を引き摺り下ろす社会

では生徒の側は、時代状況からどのような影響を受けているか。どんな子どもになっているか。先にも言いましたように、先生という立場には「権威の残り香」があります。この既成の権威への抵抗や糾弾が、子どもの側からみた先生イメージをまずは作るでしょう。「先生なんて、見かけだけ偉そうにしているけど、実際はどうしようもない人間のくせに」、こんな感情をもつ子どもも少なくないでしょう。さらにエスカレートすれば、「大人なんてみんな嘘つきだ」という大きなショックを受けることになります。

これまで社会全体でエライとされていたこと、スゴイと思っていたことが実は大したことではないと気がついてしまう……こういった体験は、人間にとって非常に大きな意味をもつ、時代を超えた普遍的な体験であり、健全でさえあります。しかし現代日本に特有なのは、社会全体が権威の引き摺り下ろしに拍手喝采を送る傾向が強いことであり、子どもたちの権威「否定」もその流れに乗って過剰になりすぎる可能性があることです。

思春期の感受性は非常にするどく周囲からの情報を受けとりますから、まずは眼につく権威＝先生がターゲットにされるわけです。

マスコミがそうであるように、権威＝御上たたきの格好の材料に先生は見える。そこに自由主義教育論者が、自由を吹きこめばさらに一層、事態が悪い方向へ流れることは一目瞭然ではないでしょうか。これまでの章で確認してきた殺伐とした否定・批判の暴力的な現在が、子どもの心にもまた忍び寄っていないでしょうか。

手段が目的化したニヒリズム

さて、以上のように現代社会を診察したうえで、学校現場にもう一度降りてみましょう。政治的な左右のイデオロギーにばかり没頭し道徳教育の賛否を論じるのではなく、時代全体の空気を理解し、現場で起こった事件をどう理解すべきか。先生の権威喪失という事実を参考にすれば、冒頭の事件とどう関連するか、が見えてきます。

冒頭の二つの事件をもう一度整理すると、①生徒を自殺にまで追いこんだ過激な暴力教師と、②イジメを解決できずに放置してしまう先生、どちらもが批判されていました。では結局「先生とは何なのか」。今、先生についてどのようなことが言えるか。

第一に、社会全体が権威を否定し「ものさしの不在」が当たり前になるなかで、私たちの心に「ニヒリズム」が蔓延しているということです。このニヒリズムの影響を、まともに先生が受けている。社会思想が専門の佐伯啓思は、ニヒリズムの要点を的確にまとめてくれています（『資本主義はニヒリズムか』）。そのまとめによれば、ニヒリズムとはたんなる虚無主義・頽廃的な気分を指すのではありません。ニヒリズムとは、ある価値観が否定され、その虚偽を暴くこと自体が目的になる、つまり「手段が目的になる」ことにあります。どういうことか。

たとえば、利益を追求していくなかで、はじめは豊かな生活のための「手段」であった金儲けが、いつのまにか金儲け自体が「目的」になってしまう。また権力や権威は本来、よい政治を行うための「手段」であるのに、権力を広げること自体が「目的」になってしまう。しゃべって何かを伝えるはずの行為が、しゃべること自体が目的と化し、おしゃべりが止められないなどなど……このように終わりなき拡張の論理こそニヒリズムの正体なのです。

そしてまさしく暴力をふるう先生も、イジメをおこなう子どもたちも、このニヒリズムの時代を体現しているのです。

暴力をふるうと、否定の心理、生徒の悪いところがどんどん見えてきてしまう。それを正そうとさらに否定する。否定が否定を生みだし精神は荒廃し、本来は生徒の技術・生活態度を向上させるための暴力が、その「手段」であることを忘れ、暴力それ自体が「目的」と化してしまう。終わりなき暴力の連鎖になってしまう。

イジメであれば、最初は同級生をからかうことから始まり、やがて無視や暴力自体が快楽になっているのだ。しかも始末に悪いのは、この否定・批判が真面目な正義感に裏打ちされていることだ。自らの正義に疑問をもたない人を、啓蒙することはきわめて難しい。これは「デモ論」でデモについて指摘したのとおなじ、否定と暴力の心情、何かを引き摺り下ろすこと自体に快楽を感じてしまう現代社会の病を、まさしく反映している。権威の残り香と雑務の板挟みになっている先生の心で起きている事態を、以上のように診察することができるのではないか。

権威否定の時代風潮は、実はこのように一人の人間の性格にまで食指を伸ばし、具体例として現在の私たちのもとにやってきているのです。いつ終わるともしれない暴力や暴言の連鎖の背景には、この荒《すさ》んだ心、「反××」「ダメだ！　ダメだ！　ダメだ！」の虜になってしまう状態があり、先生と生徒を共に襲っていると思うのです。

よって、これ以上権威否定の風潮を煽らないことが、筆者の現時点で考える最低限の時代への処方箋です。「条件付き規律教育賛成」という筆者の立場はここからでてきているのです。

このような困難な時代に、私たちは直面しています。「戦後」ということばを私たちはしばしば使いますが、今こそ、ほんとうに戦後的な価値の総点検の時期にきていることが、学校教育という一例からも垣間見えてくると思うのです。

時代閉塞論――「新しいこと」などあるものか

スローライフ、スキゾ、ノマド

ここ数年、若者論をよく耳にするようになりました。連日と言ってよいほど、若者の生活スタイルや新しい発想の働き方が取りあげられています。その背景には、日本経済全体の失速と少子高齢化時代という社会構造全体の変化があるでしょう。

教科書的な復習をすると、経済的に成熟段階に達した日本は、ゆるやかな速度で下降路線をたどっている。すると零れ落ちる人が増えるとともに、「そもそも一つの価値観にしがみついているのは幸せか」という疑問をもつ若者が増えてきます。速度と合理性、どこまでも安価をよしとする消費の流れから降りて、顔の見える生産者とそれを買う消費者のまったりとした関係、有機農業や生活スタイルが「スローライフ」と呼ばれ注目されています。

こうした生活がオシャレでカッコいいという以上に、より切実な生き方として若者に魅力をあたえていることも事実です。実際、非正規雇用の状態で都会にしがみつくことは住環境ひとつ見てもきびしい。東京という響きがもった独特のイメージ、何かが待っている、夢がそこにあるといった気分も縮小傾向です。家庭と子どもをもてたとしても、十分な生活環境を提供できるかどうかは分かりません。仕事さえあれば自然に恵まれた地方で暮らしたいという気分は、東京全体の人口は増加傾向であるにもかかわらず、リアルに「あり得る選択」になっているのです。

ところで、こうした様々な働き方や生活スタイルを求める時代は、一言でいえば流動性の激しい時代だと言えます。主流派と見られる生き方――都市部のサラリーマン――とは違う生き方を求める動きは、すでに一九八〇年代にその源流をたどることができます。批評家の浅田彰の提唱した「スキゾ」型の人間像がそれです。

スキゾとは逃走するという意味です。資本主義の濁流に呑み込まれ、流されるがままに生きる狂乱のバブル全盛期に、すでに浅田氏は逃走する方法を模索・主張していました。大衆消費社会を飄々と生き抜く軽い姿を演じてみせたのです。

そして「失われた二十年」とリーマンショックを経た二〇一〇年代、浅田氏のスキゾに極めて似たフレーズが、世間で流行することになります。それが「ノマド」です。遊牧民を意味するこのことばは、パソコンなどＩＴ機器の急速な普及を背景に、自由にどこでも仕事ができる、おなじ会社の机ではなく、都心のカフェや地方の田舎町でも仕事を請け負うことが可能で、作業して送信すれば仕事がなりたつことから、一躍、新しい仕事のスタイルとして脚光を浴びました。

「不確実性」の二側面

スキゾとノマドには共通点と相違点それぞれがあります。共通するのは、時代に主流的な働き方や高度消費社会の濁流から降りて、自分流の生き方を自在に表現するという気分です。彼らは時代を斜めから見る。しかし一方できわめて重要な相違点があることに注意せねばならない。それは浅田氏がスキゾを主張した八〇年代当時の日本がバブル経済の真っ只中にあり、自由な生き方を選択する背景を、経済的な豊かさが支えていたということです。社会全体を安心の原理が覆い尽くした中での、自在な選択と移動の自由でした。

ところがノマド・ワーカーが理想の生き方として持ち上げられる昨今、事情は大きく変化しています。会社に所属せずとも自在に働けるというノマドには、底板を踏み抜けばすぐ下には過酷な非正規労働という海原が待っています。ノマドには非正規雇用のマイナス・イメージを払拭しようという逆転の発想の雰囲気が拭えないのです。

筆者の「違和感」はここに始まります。つまり一見しておなじに見える働き方、生活スタイルを指すスキゾとノマドには決定的な違いがある。しかも、それはたんなるここ三十年程度の話ではない、日本の近代化総体を考えるために重要な違和感だと気づいたのです。

それを少し抽象的概念で説明すると、「不確実性」にたいする正反対の気分です。不確実性とは、経済学者のシュムペーターが使用した概念ですが、要するに、時代状況が流動性を増し未来が見えにくい状態になったとき、それを人間精神がどう受け止めるかでまったく社会像が違う、ということです。

一例を日本思想から挙げましょう。政治思想史家の坂本多加雄には「不確実性」をキーワードに明治時代を読み解こうとした著作があります（『市場・道徳・秩序』、『近代日本精神史論』）。たとえば『学問のすすめ』で著名な福澤諭吉は、文明開化の現在はみずからが学問さえすれば、どのような職業に就くこともできる実力社会だと述べ、啓蒙主義者らしい強烈なメッセージを込めたタイトルをつけました。幕末から明治維新の日本は、まさしく天変地異にも等しい価値観の大転換が起きたわけですが、その混乱をチャンスと考え、学問を身につけることで職業選択の自由がある、と主張したのです。

ところが啓蒙主義者らしいこの発言は、明治中期になると驚くべき変化を遂げます。明治憲法が制定され官僚機構が整い、日本社会が一定の安定感をもち始めると、福澤は一転して「今の社会は固定化し、たんなる実力だけではどうにもならない場合がある」と述べたのです。幕末維新期には、足軽の子どもが語学さえ身につければある日突然、海外渡航の通訳に抜擢されたり、大臣になることもできた。しかし社会の枢要な地位に就くための制度が整い、厳格な試験制度も出来上がると、若々しい志《こころざし》や多少の学問ではみずからの社会的地位を劇的に変えることが難しくなったのです。

この福澤の発言から分かることは何か。それは「不確実」な未来にたいして、人はそのときの社会的雰囲気から、未来を多様な選択肢に溢れた明るい時代と考えることも、その逆に、一つの所属をもつことすらできず流動する暗い不安の時代とも考えることができるのです。おなじことばが正反対のイメージをもってしまう。

このことに気がつけば、先のスキゾとノマドについても新しい評価を下せます。スキゾの時代は不確実であることが肯定できた。しかしノマド時代には、大半は流動性と不確実をマイナス・イメージで捉えつつ、それを何とか肯定したいと思い、ノマド・ワーカーなるスター選手を生みだそうとしている。福澤の発言ひとつをとっても、昨今の若者の生き方探しは別段新しい事態ではないのです。

石川啄木と時代閉塞

さて、そうすると現在のノマド時代を正確に理解するには一九八〇年代ばかりを参照しているわけにはいきません。年号には、象徴的としか言いようのない数字があります。時代の大きな転換点を指し示す年があるものです。一九四五年八月十五日はその典型で、最近も「戦後七十年」がテレビや新聞紙上を賑わせたばかりです。

しかしここで取りあげたいのは、もう少し前の話です。明治四十三年。一九一〇年と書けば「もう少し前」と言った意味が分かるでしょう。敗戦の日から遡ることわずか三十五年で、時代は明治になってしまう。急に遥か彼方の話をしている気分が襲ってきます。現在を考えるのに戦後七十年が恰好の時代区分であることは十分分かりますが、筆者はさらに時代を遡る必要があると考えているのです。

この年を重視するのは、柳田國男が『遠野物語』で民話を収拾し、そこから農耕に従事する「平地人」と山深くに住む「山人」の存在を発見したからです。また夏目漱石が『門』を書き始め、都会生活者の抱く独特の不安を描いたからでもあります。しかし何より本章の主人公・石川啄木が、『時代閉塞の現状』を書いたことに注意を促したいと思います。

啄木と聞けば、教科書で一度は出会った歌人として有名でしょう。たとえば、啄木の名を後世に残すことになる歌集『一握の砂』にこうあります。

何がなしに
頭のなかに崖ありて
日毎に土のくづるるごとし

何かが崩れかけていたのです。啄木が文学に熱中していた時期、日本にはロマン主義と自然主義という二つの文学観がせめぎあっていました。島崎藤村・国木田独歩・柳田國男が先頭走者としてそれぞれの世界に君臨していました。北海道での放浪生活に耐えきれず、啄木が東京へ飛びだしたのは明治四十一年のことです。

地方にいても、東京の流行は届いてきました。これくらいなら自分でも書けるという自負もあった。このまま地方でくすぶっていていいのか、一生を地方の新聞記者で終わるのか――功名心が啄木を大都会へとむかわせ、小説を書かせた。

しかし作品が評価されない日々のなかで、啄木は自然主義の欠点に気づき始めます。以後、夥《おびただ》しい数の歌と評論を残しますが、啄木はその眼で文学をつきぬけ、最終的には時代全体を診察する思想家へと成長していった。時代診断のするどさは、現在にまで一直線につながるだけの迫力をもっているのです。明治の文学空間の復習から始めましょう。

競争原理の都市遊民

もともと日本の近代文学では、自然主義もロマン主義もおなじ主張から始まりました。西洋文学史からすると違う主義主張が、日本には同時に輸入されるという他分野でもよくある傾向です。

自然主義＝ロマン主義は、これまでの価値観一切を疑い、破壊する代わりに「我」を全ての基準にする文学運動です。感情のおもむくままに自己主張する文学、それは強い自負心に支えられているはずでした。秩序破壊の欲望を描写すれば、そこには文学作品に値《あたい》するだけの「自己」が存在する、という牧歌的な文学観だったのです。

しかし明治中期、次章で取りあげる北村透谷が苦しんだ自意識は、こうした楽天的な自己主張とは無縁の深刻なものでした。日露戦争を終えた明治末期の日本になると、自己とは、若者全体を蝕む病理となって襲いかかります。社会のどこを見回しても、生き生きした若者を見いだすのが難しい——「彼等は都会の何処の隅にもその意に適《かな》つた場所を見出すことはない。然し一度足を踏み入れたら、もう二度とそれを抜かしめないのが、都会と呼ばるる文明の泥沢の有《も》つてゐる不可思議の一つである」(「田園の思慕」)。

啄木自身が足を踏みいれた大都会には、産業社会が生まれていました。都会と地方の格差は益々大きくなり、地方をすてた若者は都会にも居場所をもてない。

新しい場所、そこでの自己主張こそ自然主義の特権だったはずです。にもかかわらず、都会の片隅には自負心とは正反対の心、「出口を失つた状態」を抱えた若者が溢れているではないか。たとえば、教育機関は教養をやしなう場所であることをやめ、ただ就職戦線を勝ち抜くためのスクールとなった。しかも職を得にくい時代、学校を途中でやめ、人生そのものを中途半端にしてしまう者もでてくる――「かくて日本には今『遊民』といふ不思議な階級が漸次《ぜんじ》其数を増しつつある」(「時代閉塞の現状」)。

都会と地方いずれにも所属できず膝を抱え込んだ啄木の周囲には、おなじような若者たちの姿があったはずです。にもかかわらず、すぐ横にいるはずの青年たちはバラバラで、つながりあえないままだ。彼らはそれぞれの部屋に引きこもったままなのです。

全てが競争原理の都会を流離《さすら》う人間、寄《よ》る辺《べ》なく漂泊する遊民は、たしかに他人から干渉を受けない自由な存在です。だがそのような不定形な自分を、人は「自由」として望むものだろうか。

「自己を軽蔑する心、足を地から離した心、時代の弱所を共有することを誇りとする心、さういふ性急《せっかち》な心を若しも『近代的』といふものであつたならば、否、所謂《いわゆる》『近代人』はさういふ心を持つてゐるものならば、我々は寧《むし》ろ退いて、自分がそれ等の人々より多く『非近代的』である事を恃《たの》み、且《か》つ誇るべきである」(「性急な思想」)。

「非近代的」という引用文に注意してください。それは故郷のことです。故郷をすて東京にきた若者は、容易に帰郷できるはずがない。だとすれば自分はどこにも所属できていない。

性急な理想家

啄木が明治末期の大逆事件にかかわったことは、歌人であるのとおなじくらい、研究者の間では有名です。幸徳秋水が天皇暗殺を企てた容疑で逮捕処刑された大逆事件の際、啄木は様々に思い悩んだ挙げ句、秋水ら無政府主義者に疑問をもちました。

無政府主義者と保守主義者は、一見して革新と保守で対立しているように見える。だが彼らは、おなじ思考スタイルとしか思えない。なぜなら人間の私利私欲を極端に嫌い、相互扶助を求めるからだ。前者は革命によって、後者は説教臭い道徳の強調により、理想の社会を生みだせると思っている。だが革新も保守も、彼らの考える人間のつながりは、あまりに美しすぎはしまいか。時代への処方箋としておかしくはないか。

保守主義は現状を維持しつつ滅私奉公を説くだろう。一方、革新的な考えの人は、現実が理想と違うことに苛立ち、一挙に世界を変えようとする。無政府主義者とは結局、「最も性急なる理想家」なのだ。彼らは現実の複雑さに耐えられず、眼の前の不安に苛立ち、破壊衝動へと駆り立てられるのではないか。「弱者！　みずからの弱者たることを怖れて、一切の事実と道理とを拒否する自堕落な弱者！」。

彼らの心には、前進しようとする焦りがある。不安を解消し突きすすむためには、猛烈なスピードで未来へと駆け抜けねばならない。

先に指摘した自由の森に迷いこんだ遊民は、膝を抱えた内向的な人間でしたが、その傍らに、世界全てに苛立ち破壊を夢想し疾走するアナーキストの外向的攻撃性があることに啄木は気づいたのです。人びとの心が、内向と攻撃性に二極化していると時代診断を下した。


世界の何処かには何か非常な事がありさうで、そしてそれと自分とは何時まで経つても関係が無ささうに思はれる。――まるで、自分で自分の生命を持余してゐるやうなものだ。

何か面白い事は無いか！

それは凡《すべ》ての人間の心に流れてゐる深い浪漫主義の嘆声だ。（「硝子窓」）

やや遠きものに思ひし
テロリストの悲しき心も――

近づく日のあり。　（「悲しき玩具」）

誰《た》そ我に
ピストルにても撃てよかし
伊藤のごとく死にて見せなむ　（「一握の砂」）

伊藤とはもちろん、明治四十二（一九〇九）年十月、ハルビンで暗殺された伊藤博文のことです。このヒロイズムへのあこがれは、ロマン主義者の心に直結しています。本書冒頭の「デモ論」でふれたカール・シュミットが肯定的に評価した決断と実行の人、ドン・キホーテの「ロマン主義的政治」がこの歌には表現されているのです。

都会にも、田舎にも所属できない自分。一切の社会との関係を断たれたような気分に襲われた人間は、純粋かつ刺激的な事＝テロルを望んでしまう。それを啄木は「性急な思想」と呼び警告を発しました。

過剰な自由をもて余し引きこもることも、また倫理や正義感をふりかざしテロルに走ることも啄木は拒絶しているのです。空虚な心を、出来合いのイデオロギーや道徳観で埋め合わせ、酩酊している人間を啄木は嫌いました。

人は正義にも自己嫌悪にも酔うことができる。

そして自らの精神のバランスを取るために、空白を空白のまま見つめ生まれた「ことば」が、啄木の名を後世に残すことになる歌だったわけです。「僕にとつては、歌を作る日は不幸な日だ、刹那々の偽らざる自己を見つけて満足する外に満足のない、全く有耶無耶に暮らした日だ……正直に言へば、歌なんか作らなくてもよいやうな人になりたい」(「瀬川深宛書簡」、傍点原文)。

富国の価値観、遊民の熱狂

日本が近代化する過程で、日清・日露の二つの戦争が大きな意味をもったことは、教科書等で学んだことがあるでしょう。特に日露戦争の終結は、植民地化さえリアルだった国際情勢で、ようやく日本が過度の緊張感から解放されることでした。結果、国是だった「富国強兵」のうち、強兵が一段落し富へと邁進することになったのです。人びとは豊かさを第一の価値に熱狂しながら、社会の底辺では啄木が気づいた遊民とテロルの情念が渦巻いている、そんな不気味な時代だったのです。

なぜ、どうしてこんな時代になったのか。それは明治末期の国内だけを見ていても分からない。近代化とは開国に他ならず、開国とは国際情勢の巨大な波に日本が巻き込まれることを意味する以上、ここで啄木と若者たちの苦悩をいったん離れ、当時の国際情勢を広く見渡す必要があるのです。

明治四十年代当時は、世界を見渡すと「帝国主義」の時代にあたっています。「帝国主義時代とは通常一八八四年から一九一四年に至る三十年間を指しており、それは、"scramble for Africa"（アフリカ争奪戦）と汎民族運動の誕生とをもって終わる十九世紀と、第一次世界大戦をもって始まる二十世紀とを分かつ時代である」（ハンナ・アーレント、『全体主義の起原』）。明治十七年から大正三年までがこの時期に該当します。

帝国主義から全体主義が出現してくるありさまを描いた、この女性政治学者によれば、帝国主義の特徴は「膨張」です。具体例で言えば、資本輸出と人種妄想と法律を無視した支配ということになります。

資本は、無限の増殖＝絶えざる市場の拡張を求める運動をひきおこします。国境をやすやすと乗り越える帝国主義のはじまりです。資本にしてみれば、国民国家はたんなる妨げ、いらない障壁にすぎません。国境という枠組みは、増殖＝膨張するものにとって障害なのです。

たとえば、一九一二年の『中央公論』の特集には、「領土拡張主義か商権拡張主義か」というタイトルが躍っていました。いずれの選択肢も拡張を主張していることが重要です。軍事中心の拡張主義と、経済的拡大のいずれを取るかがせめぎ合っていた時代を象徴していると言えるでしょう。つまり膨張することは、この時期が軍事であれ商業であれ、「国家」という枠組みを超えて広がることをヨシとする雰囲気だったことが分かります。こうして「富国強兵」というスローガンから、国と強兵が脱落し、「富」だけが突出した状況に日本はあったのです。

グローバル時代の鬱屈

それにしても拡張傾向の時代に、なぜ啄木は「時代閉塞の現状」などと言ったのか。若者の内向的な傾向と孤独を歌ったのか。

『東京朝日新聞』に掲載されたある青年の記事にたいして、怒りをぶつけたのが評論「時代閉塞の現状」です。それは当時の帝国大学生・魚住折蘆《せつろ》が東京朝日新聞に書いた論文「自己主張の思想としての自然主義」にたいし、啄木の眼から映った時代診察の違いを主張したものでした。魚住は夏目漱石門下であり、和辻哲郎などに影響をあたえた俊才でした。それは魚住と啄木という二人の医者がいて、明治末期の日本という身体を診察し激論を闘わせたということです。啄木の診察結果は次のようなものでした。

（若者たちは今、国家について考えることなど真っ平御免だと思っている＝引用者註）

さうして此《この》結論は、特に実業界などに志す一部の青年の間には、更に一層明晰になつてゐる。曰く、「国家は帝国主義で以て日に増しに強大になつて行く。誠に結構な事だ。だから我々もよろしくその真似をしなければならぬ。正義だの、人道だのといふ事にはお構ひなしに一生懸命儲けなければならぬ。国の為なんて考へる暇があるものか！」（「時代閉塞の現状」）

「国家は帝国主義で以て日に増しに強大になつて行く」という引用文に注目すべきです。競争を全肯定する産業社会の典型例——日本の実業界の青年——にとって、国家とはイコール帝国主義である。つまり実業青年家たちの「愛国心」とは、帝国主義の別名に過ぎない。国家とは、無限にグローバル化を肯定し、膨張しようとする運動のことだったのです。「国の為なんて考へる暇があるものか！」と実業に専念することと、「国家は強大でなければならぬ」という矛盾する発言を明治の若い実業家ができたのは、帝国主義＝資本の膨張を、国家と誤解したからなのです。

では、こうした経済的豊かさの追求が突出した社会で、富を得ることに失敗したらどうなるか――啄木自身と、彼の眼にとまった多くの遊民、テロルへと走る青年たちこそ、こうした社会情況からの脱落者だったのです。

「自然主義発生当時と同じく、今猶理想を失ひ、方向を失ひ、出口を失つた状態に於て、長い間鬱積して来たそれ自身の力を独りで持余してゐるのである。さうしてこれは実に『時代閉塞』の結果なのである」（「時代閉塞の現状」）。

啄木が注目した都会に蠢いている青年たち、明治末期の社会状況は、実は国際社会全体の帝国主義的状況、グローバルな経済構造の変化の影響を、深く受けていたのです。

国家！　国家！

国家といふ問題は、今の一部の人達の考へてゐるやうに、そんなに軽い問題であらうか？（啻《ただ》に国家といふ問題許《ばか》りではない。）……凡ての人はもつと突込んで考へなければならぬ。今日国家に服従してゐる人は、其服従してゐる理由に就いてもつと突込まなければならぬ。又、従来の国家思想に不満足な人も、其不満足な理由に就いて、もつと突込まなければならぬ。（「きれぎれに心に浮かんだ感じと感想」）

明治四十三年の国家をのぞき込んでみる。すると青年たちは、遊民とテロルの鬱屈した気分に澱《よど》んでいた。世界全体を急速な速度で資本が還流している。その渦のなかに丁度できた台風の眼のようにこの国は空白で、しかも空虚だ。啄木は最終的に驚くべき処方箋を主張します。それは国家について深く考えること、しかも「必要なものは革命ではない。批評こそ必要だ」と言ったのです。

これを筆者なりに解釈してみると、時代が「不安」を利用して、過激な二項対立＝善悪に世界を腑分けすること、あるいは、悪を全否定すればおのずと正義が訪れるという過剰な理想主義を啄木は拒否している。さらに、混沌とする多元的な価値観を選択できず、足踏みして不安に足をすくませている場合でもないと言っているのです。そして、まずは現状をことばに一つひとつ置き直していこう。ワンフレーズではなく、ことばで現実を解きほぐそう。それを「批評」と呼ぼう。

百年前から宙づり状態

百年前の石川啄木の時代診察から、今、何が得られるか。結論を言いましょう。戦後、「第二の開国」を掲げ、豊かさを第一の指標にした時代は終わりつつあります。では何か起こるのか。「新しい危機」や「文明の大転換」が始まるのでしょうか？　何か途方もない危機が、あるいは逆に経済成長はまだまだ続き、輝かしい未来が来るのでしょうか？

これら気のきいた発言は、いずれも虚偽だと思います。むしろ国内を見てみると、戦後体制の終焉とは「この国の基本条件」に戻っただけにすぎません。経済的な豊かさのなかで、すっかり忘却していた条件とは次のようなものです。

すなわち明治時代いらい、日本は西洋諸国とは文明や慣習の違いから、経済で追いつくことはできても同化することができない。しかも同時にアジアを否定し、その文化圏から出て行こうと「脱亜」（福澤諭吉）を目指した。結果、西洋と東洋、いずれからも孤立した立場に追い込まれたのです。明治期はヨーロッパ文明が、戦後はアメリカの価値観が、それぞれ「普遍的価値」として襲ってきた。その条件を飲み下しつつ、しかも自己の存続をはからねばならなかった。この孤立感と摩擦熱を、筆者はこの国の基本条件だと主張し、「日本の近代」だと考えているのです。

開国以前の自分自身に閉じこもることは許されず、しかも普遍的価値をそのまま信じ切ることもできない――このジレンマ、亀裂のうえに足をおくような状態を、筆者は日本の近代、この国の条件であると思うのです（この点については、最終章「震災論」でもう一度詳しく触れます）。

現在、政治・経済・思想・文学などあらゆる分野で戦後の終焉が叫ばれていて、一九八〇年代にはスキゾが、それ以降にはノマドが時代を読むキーワードになっています。しかしこれらに類する問題意識は、すでに明治の「遊民」にありました。

また国際社会で言えば、二十一世紀の現在が「新・帝国主義の時代」に差し掛かっている、否、すでに十分に新たな帝国主義段階に入っていることは言うまでもありません。元外交官の佐藤優や、日本史学者・與那覇潤などが唱える「新しい」歴史観とは、中国の台頭が帝国主義――グローバリズムと言っても差し支えない――の時代を思いださせるという主張です。膨張の主役を演じるのは、時代ごとにヨーロッパ列強やアメリカ、そして中国など代わっていくことでしょう。しかしこれもまた国内状況とおなじく、明治期の日本が置かれた条件に戻ったにすぎません。結果、現代の若者たちの心にもさざ波がたっている。

つまり現在、「新しい」ことなど何もない。新しく見えるのは、明治いらい、この国で生きていく限り背負わねばならない生の条件だ、と筆者は思います。たった百年前の、しかも誰でも名前を知っている人物の文章すら参照せずに新しい世代と若者の登場を叫ぶのは軽率です。眼の前の社会を賑わす事件について判断を下す私たち自身が、いかに小さな時間軸で判断を下しているのか。その恐ろしさになぜ、足がすくまないのか。

啄木が叫んだ「国家！」への注視は、現在の私たちにも相変わらず求められているのです。

近代化論——「反知性主義」を批判できるか

「反知性主義」というレッテル

あれは確か、二〇一五年五月の連休中のことです。読書する余裕ができたとばかり、数冊の本を購入しました。その一冊に森本あんり著『反知性主義』（新潮社）が入っていました。その前後、複数の雑誌編集部からこのキャッチフレーズについて原稿依頼があり、テレビ出演で論じる機会までありましたが、今なお、「反知性主義」ということばが流行語だとは知らないし興味もありません。つまり、世間がどういう文脈でこのことばに反応しているのかを知らない。

筆者は流行に乗り遅れることを、密かに誇ってさえいます。時代の雰囲気に強い嫌悪と「違和感」を抱き、顔を背けるからこそ、かえって時代を告発できると思ってきたからです。それでも編集者の話を伺いながら総合すると、現在の日本で「反知性主義」というフレーズが乱舞するのも頷けます。筆者なりに彼らの思いを定義すると「自分の正義を疑うことができず、他人の意見に耳を傾けることができない人」、どうやらこれが反知性主義を意味するらしい。

このイメージを様々な問題に当てはめれば、現代社会を斬った気分になれます。たとえば現政権が国民の思いに一切聞く耳をもたず、勝手に政策を押し進めるのは反知性主義的である。たとえば教養ある知性主義者＝インテリにたいして、罵詈雑言を浴びせかけるネット右翼などは偏狭であるがゆえに反知性主義的である。さらに、ここから問題意識を拡大し、知性と教養の牙城である文系学部を軽視し、統合廃止を推進する現在の文部科学省の態度は権力的であり反知性主義的ではないのか、などなど。

もし筆者の仮説が間違っていないとすれば、ここで二つの違和感が襲ってきます。第一に、知識人が、揃いも揃って反知性主義という概念をマイナス・イメージで使っているが、それは「ほんとう」なのかということ。第二に、反知性主義がすぐさま「知性主義的か反知性主義的か」という二項対立を社会に生みだしているのでは、という懐疑が沸き起こってくるのです。筆者のあずかり知らない世界で、レッテル貼りの応酬が雑誌を賑わしている可能性がある。

では二つの違和感を手がかりに、筆者がなぜ連休中、興味がないはずのタイトル『反知性主義』を購入したのか。以下に動機を書き綴れば、反知性主義を「日本」で語ることの意味が、おのずと見えてくるはずです。

アメリカ的現象の特殊例

第一の違和感から診ていきます。そもそも反知性主義が、知性主義にたいして批判的な立場をとる以上、まずは知性主義の特徴を押さえておく必要があります。知性主義とは「ピューリタニズムの極端な知性主義」のことであり、自分の力で聖書を読む学力をもつこと、古典語読解などの高度な教養をもつ牧師たちの態度等を指して言われます。「教会の教えではなく、聖書に戻れ」という強烈なイデオロギーをもっていた以上、聖書の読解ができることは聖職者に特権的な立場をあたえることになりました。

以上、わずかこれだけの記述からも、知性主義が本来もつ姿があきらかになります。つまり知性主義も、そして対抗的に生まれてきた反知性主義も、きわめて特殊アメリカ的な現象、信仰の在り方をめぐる態度なのです。たとえば森本氏の著作の第一章は、きわめて丁寧にハーバード大学の成り立ちと意義を追っていますが、常識的に考えて、アメリカの名門大学の由来を淡々とたどる文章を、私たちが好奇心だけで読み進めるのは難しいと思います。しかし逆に、こうした基本的史実を押さえない限り、知性主義と反知性主義の区別はできないのです。

イギリスを否定し最終的に独立したアメリカにとって、国内でプロテスタント聖職者を養成することはきわめて重要な課題でした。一部のエリートだけに限定された厳格さと合理性、学問的素養を追求し人びとに教え諭す彼らは、「知性」の持ち主であり、ハーバードを含めた大学を設立し、イギリス本土とはかかわりなく自前の聖書解釈のスペシャリストを養成する必要が是非ともあったのです。

しかしどんな制度であれ制度たるもの、必ず腐敗と停滞の時期がやってきます。また大量の入植民が、発展しはじめた都市に流入し溢れ、根無し草のような不安定なその日暮らしをしていました。

その彼らの心に響く、分かりやすく、しかも熱狂的な演説、その日の疲れを癒し気分の高揚をもたらすことばの伝道師、つまりデマゴギーが求められる状況にアメリカの都市部はなっていました。こうして「今までのエリートたちの説教など、聖書のほんとうの意味を教えていない。我こそは分かりやすく聖書を教え、しかも従来の停滞した教会制度を破壊するのだ！　もっと聖書に寄り添おう！」と叫ぶ反知性主義者が生まれてきたのです。

契約意識、楽天主義、集団的熱狂

彼らの主張の特色をまとめると、次の四点になります。第一に、自分たち人間の努力に応じて、神が当然見返りをくれるという契約意識。これを今日、日本人が外側から眺めると、アメリカ人がなぜあれほどまで現世利益的なのかという疑問を解くことができます。むさぼるような現世利益の追求と、真摯に神と聖書を信じることがアメリカでは矛盾しません。またここから、経済的成功者などの自己啓発本・教養本が多数書かれる社会であることも分かります。今や日本の書店でも溢れかえっている自己啓発本は、実はアメリカでは宗教的な背景をもって売れ続けているわけです。

次にその結果、自分たちが努力さえすれば幸福は神から保証される。それを当然の権利だと考える楽天主義が生まれます。森本氏はそれが「明瞭に善悪を分ける道徳主義」「尊大な使命意識」「揺らぐことのない正統性の自認」につながると言っています。

一例を挙げればその意味と恐ろしさが分かるでしょう。たとえば九・一一テロ事件で超高層ビルを破壊されたアメリカは、その後強烈な正義感に基づきアフガン空爆とイラク侵攻を行いました。世界中へ自由と平等、民主主義を無限に拡張していく行動力、相手を「悪の枢軸」と名指しで批判する善悪の明確な提示、これらには反知性主義が裏面にピタリ張り付いているのです。あくまでもアメリカという国家に独自の、カギ括弧付きの「平等主義」であり「民主主義」の主張が、彼らには世界どこでも通用する普遍的価値に見える。戦後日本がこの普遍主義との闘いの歴史（？）であることは前章「時代閉塞論」の末尾で指摘した通りです。

第三に、アメリカの選挙を一目見るだけで気づく過剰な演出と昂奮にも、反知性主義の特色がよく表れています。集団的熱狂はアメリカでは「伝統」ですらあるのです。エリート批判をしながら全米を渡り歩き演説した反知性主義者は、大衆を魅了し熱気の坩堝《るつぼ》へとみちびくキーワードを駆使しました。曰く、平等・実利追求などが典型例です。

以上の三点の特色から分かるのは、反知性主義の負の側面です。日本で反知性主義が話題になる際の定義は、おそらくアメリカの揺らぐことのない自信を「権力者は自分の考えに固執し、国民の声を聞く耳をもたない」と読み替えたうえで、適用していると思われます。

ところが、彼らの平等への飽くなき関心が、十八世紀の独立革命、十九世紀の奴隷制度廃止と女性権利拡張運動、二十世紀の公民権運動につながっていると聞いたらどうでしょう。反知性主義をふりかざし、相手に否定のレッテル貼りをすることに、急に困難を覚えるのではないでしょうか。「反知性主義に陥らないために云々」という昨今の言論界の騒ぎを真に受ければ、奴隷制廃止や女性の権利拡張を全否定することになります。だが、そのつもりがあっての発言なのか。ここで反知性主義の四点目の特徴が登場するわけです。

日本の議論はことば遊びか

実際、森本氏は反知性主義をはっきりと肯定的な意味で用いています。知性とは本来、自分自身をふりかえり自省する能力をさす。自分の正義を疑うことができる人、それが知性的な人です。しかし知性は必ず弾力性を失い、人は自分を信じ過ぎてしまう傾向があります。そうなると知性はたんなるイデオロギーになる、つまり知性「主義」の登場です。だからこそ、知性主義の独断を不断にチェックするのが「反」知性主義者の何よりの特色なのです。「つまり反知性主義は、知性と権力の固定的な結びつきに対する反感である」（『反知性主義』）。

反知性主義者は本来、自省を何よりの特徴とする。しかし反知性主義ですら、過剰なまでの平等主義が現実に直面し、うまくいかず苛立つと不平不満に心を奪われ、自己反省能力を見失い過激化する。いつのまにか大衆的熱狂を煽り立てるデマゴギーへと堕落していくのです。

こうして四点の特色を並べてみると、現在の日本で使われている反知性主義ということばは、いかにも杜撰《ずさん》ではありませんか。本来の用語法に従えば、自省の力を失った知性主義を、反知性主義が批判する。しかしその反知性主義者自身もまた、平等をタテに過剰な演出に酔い痴れ糾弾を続ければ、いつの間にか平等主義の理想は、柔軟な思考を失ってゆく。自分自身が知性主義に堕落するのです。

こうした陰影と逆説に富んだキーワードである以上、知性主義／反知性主義という二項対立を無条件に前提とし、みずからは前者に立ち、後者の人を批判するのはきわめて怪しい態度だと言わねばなりません。

と同時に、何より重要なのは、平等主義であれ実利思考であれ熱狂ですらも、全てが信仰をめぐる議論、しかもアメリカのキリスト教伝道の歴史に密接にかかわっていることことが大切です。キリスト教徒としてよりよき姿を守るための平等であり、実利追求であり、世俗権力への反抗なのです。

つまり日本のように、政治権力や学歴社会のインテリ批判で、知性主義と反知性主義を区別しているのは、ことば遊びをしているにすぎない。信仰の在り方をめぐる思考の硬直性の有無こそ、アメリカで激論を生みだしているのですから。

にもかかわらず、今、「日本」の知識人は信仰のもつ重みを決定的に無視している。脱色され骨抜きにされた自由と平等、そして反権威主義的な気分だけを叫び、分かりやすい批判だけが支配していないでしょうか。彼らの正義感の根拠はいったい何なのか。まさか全員がアメリカで入信してきたわけでもありますまい。

以上で、筆者が著作を購入した第一の理由をあきらかにできます。

それは日本の反知性主義ブームに関心があったからではなく、昨今の政治的課題——たとえば集団的自衛権をめぐる攻防や沖縄基地問題——でしばしば耳にする「対米従属」批判にたいし、ではそもそも嫌悪するアメリカとはどのような国なのかを、建国の精神から知りたいと考えたからでした。興味は日本の論壇ではなく、むしろアメリカにあった。

アメリカ人の心の中まで理解しなければ、アメリカ批判は日本国内でのみ通用する程度のことば遊び、政権批判の材料に饗されるにすぎない。あるいは屈折した民族意識を高揚させるために、他国批判をつうじた自国肯定に利用される。

アメリカに突き刺さらないアメリカ批判など、政治的敗北に過ぎません。子どもが大人に小石を投げて走り去るように、大国批判などしても何も変わらない。敵を批判し乗り越えるためには、敵の精神面から徹底的に調査すべきではないですか。だとすれば、アメリカ社会の基盤をつくっている反知性主義の誕生の瞬間に興味をもつのは当然ではないか。

エマソンから北村透谷へ

しかしこれだけなら、「日本の思想界は本物を知らないからダメなのだ。本家本元では云々」というよくあるお説教に過ぎないでしょう。たとえば日本の思想界ではフランス現代思想が流行しているが、本家フランスではそのような「読み方」はされていない、本場は違うから間違っている、こうした議論を見かけます。

彼らと筆者が言いたいことはまったく違います。外来思想を肩に背負った屈折した優越感は、ここでの議論に関係しません。

筆者が反知性主義に興味をもったのは、もう少し深い理由があります。反知性主義者のひとり、ラルフ・ウォルドー・エマソン（一八〇三〜一八八二）について以前から興味があったからです。

一八〇三年生まれのエマソンは、現在でもハーバード大学哲学部の建物に「エマソン・ホール」の名が冠されるほど著名な人物です。大学卒業後牧師になりますが、教会の儀式――特に「最後の晩餐」を形式的に継承する聖餐――を否定したこともあり、教会と対立し、数年で牧師の職を辞します。その後、ヨーロッパを放浪しイギリスにたどり着き、ワーズワース、コールリッジ、カーライルなどと交流し、帰国後の一八三六年に著作『自然』を出版しました。

エマソンの特徴は、大自然と個人の魂が一体化することを夢見たことにあります。夢想は夢想を生んで大宇宙と自己が抱合し、広大な山々に囲まれ、崇高な雰囲気さえ湛える自然の神秘に触れることを激しく希いました。都会の喧騒は、政治の渦巻く唾棄すべき世界である。都会を離れた森林での健やかな生活、これが反知性主義のユートピアなのです。

こうした思想をエマソンが抱いた背景には、近代化・都市化の進行がありました。エマソンは、ハーバードに象徴されるように、知識人が集う都市を嫌いました。策略だらけの都会を離れ田園に住むことは、人の心を正直にする。自然の力に感服した人間は、おのずから偉大で荘厳な風景を前に謙虚に頭《こうべ》を垂れることだろう。

「神との交渉というのは、神の心がわれわれの心のなかに流入してくることである」とエマソンは言います。心の扉をひらく。すると神が川の流れのように流入してきて、わが心をヒタヒタと充たしていく――。

エマソンは「大霊」という概念で、宇宙全体を充たしている神秘的な神の力を表現し、その力が人間の心までも充たすことで神を内面化し、確乎たる「自己信頼」が得られると主張したのです。アメリカ郊外の雄大な自然で釣りを楽しむことは、たんなるスポーツ・フィッシングではなく、反知性主義の考える神との直接の交流と対面であり、教会などの夾雑物を排除した、どこまでも純粋な魂の清めの作業、内面を見つめ続ける行為だったのです。

おそらく、日本に反知性主義が受け入れられる土壌があるとすれば、自然との融合を謳うエマソンしかないのではないかと筆者は考えてきました。はたして明治中期、エマソンは日本の若者たちを熱狂的にとらえた事実にぶつかりました。北村透谷や内村鑑三、中村敬宇《けいう》などの思想家が影響を受けたのは、実は、エマソン経由の反知性主義だったと知ったのです。

とりわけ現代日本での反知性主義の流行を考える際、北村透谷に注目すべきです。透谷は明治元（一八六八）年の生まれ、二十五歳五ヶ月で自殺した思想家です。島崎藤村らと雑誌『文学界』刊行に深くかかわり、明治初期の文学批評の世界を彗星のように駆け抜けました。

彼は日本が近代化していく最中、最初に「恋愛」ということばを使い、熱烈にラブの神秘を語り、若者を魅了しました。自身十九歳のときに政治運動で知りあった石坂昌孝の娘ミナと恋に落ち、ミナがクリスチャンであったことから信仰の門を叩きます。教会雑誌『平和』などに批評文を掲載していくことで、透谷は批評眼を磨くとともに、エマソンとおなじく教会の在り方に疑問を抱き、最終的には離脱してしまうのです。

何よりも透谷を魅了したのは、エマソンの反知性主義がもつ楽天的な人生観でした。仏教は厭世的無常的で困る。たいするエマソンの主張は、人間の生き生きとした生命の躍動を信じている。仏教とキリスト教という二元論ではなく、前者は生命力を否定するが故に、後者は活動的な生命観をもっているから肯定すべきだと透谷は考えたのです。「究竟するに善悪正邪の区別は人間の内部の生命を離れて立つこと能はず」と透谷は言います。つまり世の中の善悪判断をする「ものさし」を、宗教をつうじて論じつつ、人間の生命力の増減で決めるべきだと言ったのです（以上、「内部生命論」）。

さらに透谷は限定を付します。宇宙の精神である神と、個人の内部生命が一致すること、感応することが生命力を増進させることである。しかし元気だからといって、それは英雄豪傑などの政治的昂奮を意味しない。宗教家や冒険家ですらない、詩人だけに許されていると言うのです。

信仰なき生命賛歌の限界

さて、ここまでくれば今、私たちの眼の前で展開されている現代日本の反知性主義への違和感を考えるのに、十分な材料が出揃いました。現在、このキーワードが無意識のうちに否定形で使われていることと、知性主義／反知性主義の二項対立に躍らされている現状に違和感を表明しておきました。

ではアメリカ思想界を経由して、明治の夭折の詩人について確認してきた今、何が言

える か。

まずエマソンも透谷も、異常なまでに自己の内面を過大評価していることに注目しなければなりません。エマソンはいかにもアメリカの反知性主義者らしく、ヨーロッパの過去と教会主義を死んだ伝統であると見なし、大自然のなかで自分自身が神と直面することを説きました。書物も過去の権威も否定し、直感に全てを委ねた結果、自然を心に取り込んで「自己信頼」を獲得したのです。既成教会への強烈な反発はここから生まれた。つまり反知性主義の定義は、「過去と手を切り、自己の内面に沈潜する行為」ということができる。

では透谷はどうか。こうした過去否定の気分が、透谷に近代への目覚めをもたらしたことは言うまでもないでしょう。しかし透谷は、自己の内面を見つめることだけをエマソンから手に入れたのです。大自然に憧れ、都会生活の喧騒と速度を否定した透谷は、教会を否定し生命の躍動を求めましたが、その際、エマソンにあった信仰も同時に手から滑り落としたのです。

透谷には、生命という不定形なものだけが残りました。それは自分の判断が、はたして正しいのか、正しくないのかの無間地獄へと透谷を導きます。神という「ものさし」

がないからです。生命力こそ大事だと言った透谷は、不定形な力の過剰さだけを手にしてしまったのです。

彼の行為を最終的に担保してくれる存在はどこにもいません。エマソンは伝統を否定し、自己に立て籠っても、その背後には確乎たる神、教会とは無関係な本当の神への信頼があった。「自己信頼」とは、神の後ろ盾あってのことでした。しかし透谷には神がいない以上、「自己」だけが残ったのです。透谷が信仰を手放したことで精神の動揺をきたしたのにたいし、エマソンが旧来のキリスト教を棄てたのは、信仰をより強固にするためでした。ここにエマソンと透谷の決定的な違いがあるのです。

エマソンにある自己信頼、明るすぎる自然賛美は透谷のどこを見回しても見つかりません。「ものさしの不在」は、過剰な自己意識をこじらせて、自己で自己を不断に点検し磨滅する、すなわち自殺の論理ができあがってしまった。

今日、雇用を含めた若者の社会的立場が不安定さを増し、「ものさしの不在」が常態の社会であると筆者はくり返し主張してきました。するとどうしても、透谷の人生の軌跡がおなじ「日本の近代」を生きる者として身近なものに思えてくるのです。

神という確乎とした基底をもたない日本人が反知性主義を学んだ場合、受け取るのは伝統の否定と、底なしの自意識過剰なのです。それは自分の内面を見つめれば見つめるほど、自殺へと追い込むような自己酩酊をもたらしますし、反対に過剰な生命力を外側にぶつけようとすれば、今度は大胆な行動、たとえばテロルのような動きになるでしょう。いずれをも避けようとすれば、エマソンの自然賛美のみを受け取り、スローライフや有機農業、離島での暮らしに憧れる「自分さがし」の若者が登場するのも、無理のないことなのです。

聖書のような時間の風雪に耐えた価値基準を信じる代わりに、出来合いの新興宗教やスポーツ選手の自己啓発本、はては若手知識人のことばを、それぞれの嗜好にあわせて信奉し、小さな集団をつくっている。そこに所属し、おなじテキストや人物を信じていれば安心だからです。デモで大声をだし、あるいは誰かのことばを引用し知識人ごっこをすれば、生き甲斐を感じ所属意識すらもてる。自殺と、過剰な政治運動と、そして知識人ごっこは、そのエネルギーの乱費においておなじコインの裏表のような気がしてなりません。神なき自然賛美と有機農業への憧れは、自死とテロルのいずれも避けようとする日本人が生みだした避難所なのかもしれない。もし反知性主義に警戒感をいだき、批判するのだとしたら、この日本に独自の文脈をふまえて検討しなければ始まらないではないか。

宙づりに悩む自己

結論を言いましょう。キリスト教という「精神の底」がある限り、アメリカの反知性主義は自信に満ち、自己主張に胸を張る。それを普遍的価値観であると思い込み、世界中に拡張しようとする傾向さえ帯びる。

しかし一方で、信仰を脱臭したまま輸入された反知性主義は、明治日本ですら現代の我々とおなじ自信なき自己、宙づりに悩む自己を生みだしたのです。過去一切を否定したこの国では神も得られなかったわけですから、剝きだしの自分に出逢うか、出来合いの価値観に飛びつくしかなかった。

透谷という明治の一青年の精神的葛藤のなかに、アメリカの普遍主義、善悪判断を断固押し通す自己肯定が、日本に流入した際の悲喜劇が出揃っているのです。

そしてここから、もうひとつ重要な指摘ができます。日本とアメリカとの関係、特に昨今の政治的な問題をめぐる日米関係＝アメリカ批判の皮相さです。

つまり今日、「対米従属」批判をする知識人もまた、反知性主義を乱発している。だがアメリカ批判を単なる政治問題に限定してはならないのだ。現政権を批判し、たとえ米軍基地問題で一時的に興奮したとしても、事柄の半分も見えていない。北村透谷や石川啄木を参考に、アメリカとは何か、アメリカは何をわが国にもたらし、どうすれば根柢から対峙・批判できるのかを問わずして、何が対米批判だ。現代日本社会を筆者が「処方箋を焦る社会」と呼ぶのは、こうした肝が据わっていない議論ばかりだからです。

過去を知らないで、政治家批判程度を理由に反知性主義をふりかざして何の意味がある？　外交基地問題で対米追従だ、アメリカの言いなりになるなと批判する前に、もう少し立ち止って相手を見据えるべきでしょう。アメリカが日本にもたらした精神面の甚大な影響を、せめて百年程度の時間軸で探り直さねばアメリカ的価値など魂のどん底からひっくり返せるわけがない。批判だけをしている——しかもアメリカに突き刺さることのないチンピラまがいの批判——子ども染みた態度が、筆者は一番嫌いです。

日米の精神的葛藤を明治初期に引き受けた北村透谷は、死んでも死にきれないのではないか。反知性主義を考えるならば、近代日本総体を考え直さねばならないのであって、目先の政権批判のための思いつきの玩具であってはなりません。ことは流行に棹《さお》さす程度で済む話ではないのです。

平和論——「勢力均衡の崩壊」にどう向き合うか

安らぎなき国際関係

「国際関係」とは何でしょうか。ともすれば明るい雰囲気すら漂うこのことばを私たちはしばしば耳にし、口にもします。しかし何事もそうですが、明るさの裏には影がある。国内で国際関係の意味が軽くなればなるほど、いったん海外に眼をむけると、黒々とした影が忍び寄ります。

華の都パリすらも、一瞬にして爆発音に包まれる。また戦後七十年の声を聞くや否や、日本人もまたはるか異国の地で命を奪われました。パリが狙われる以前、イスラム国による日本人殺害事件が起きていたのです。中東という馴染みのうすい場所へ行ったとしても、「日本人」である事実を人は背負い、ときに殺される。個人と国家が否応なく結びついてしまう瞬間を二〇一五年正月早々、突きつけられました。

人は誰でも殺しあうべきではないし、紛争は起きない方がよいと思っています。しかしこの「当然の正義」が、場合によってはつうじないときがある。なぜでしょうか。なぜ誰でも頷くはずの簡単なことが実現しないのか。

答えはきわめて簡単です。こちら側とあちら側で考える「正義」や「平和」の意味が全く違うからです。歯ブラシを置く場所をめぐり夫婦喧嘩をしていることを思いだすだけで十分です。夫の眼の前には違う生活環境で育ち、生き方を身につけた妻という「他者」がいる。二人にとって共有できる正義を粘り強くつくりあげる、それを家庭生活という。他人同士が折りあいをつけて新たな秩序をつくりあげること、微妙な均衡点を探りだすこと、安らぎとは無縁なのが実は家庭なのかもしれません。

人によって「あるべき世界観」は違う。「華の都」は別の眼から見れば、欲望と堕落に満ちた唾棄すべき腐敗の象徴と映る。そこに紛争が生じ、他者抹殺の欲望までが生まれる。日常生活の瑣末な喧嘩が、実は国際関係にまで関係しているかもしれません。

だとすれば、みずからの善意だけを信じて平和を、防衛を、国際秩序を語るわけにはいかない。国際関係もまた二百近い他国と、その間を縫うようにうごめく原理主義集団が集う安らぎなき世界です。秩序はつねに動揺し、流動と停滞をくり返しています。壁を叩いてむこう側の意志を確認しあうように、理解困難な他者と、交渉を続けねばならない。

『鎖国論』と内向的平和主義

家庭の話はしばらく置きましょう。極東アジアに位置する日本にとって、国際関係ということばが緊張をはらみ、生々しくなるのは、今に始まったことではありません。一例を挙げましょう。二百年以上さかのぼった一八〇一年のことです。志筑《しづき》忠雄という思想家が、『鎖国論』という書物を出しました。志筑は鎖国を肯定し、対外貿易が縮小し続けていた松平定信政権を、全面的にヨシとする論調を展開しました。つまり現状肯定論です。

しかし実際の国際情勢はどうだったか。事態は風雲急を告げていました。高校の歴史教科書を見てみると、ロシア人ラックスマンが日本へ寄港したのが一七九二年、レザーノフを派遣してきたのは一八〇四年だと書いてある。一八〇八年には、イギリス艦船がオランダ商館員の拘束を目的に、長崎に闖入するフェートン号事件が起きました。事件の背景にははるか彼方のナポレオン戦争、つまりイギリスとオランダの対立があったのです。極東の鎖国国家日本は、ヨーロッパの戦争の余波を被ったのです。

当時の幕府はどう事態に処したかと言えば、鎖国の継続というものでした。一八二五年の「異国船打ち払い令」は、その明確な意思表示として有名です。ここから一八四〇年のアヘン戦争に至るまで、日本国内の世論はもっぱら「ロシアとの緊張は杞憂である、ロシアは通商を求めているに過ぎない」という牧歌的なものでした。

筆者は何もここで、歴史の復習をしようとしているのではありません。はるか二世紀前の彼らのつぶやき、くり返される「内向的平和主義」を、つい最近もどこかで見た気がしてならないと思った。だから歴史にふれてみたのです。

安倍総理が解散総選挙を実施したのは、二〇一四年末のことです。総理自身が「アベノミクス解散」と名づけたように、経済政策の是非に争点は集中しました。論点を国民に身近な経済一本にしぼる手法は、小泉郵政解散を思わせる光景でしたが、当時の筆者の関心は、それとは別のところにありました。

それは集団的自衛権の閣議決定をめぐる問題です。二〇一五年が終戦七十周年にあたること、また実際、国会で法制化をめぐって議論が再燃すると筆者は確信していました。「戦後レジームからの脱却」を安倍政権が掲げている以上、この二年間の評価という近視眼的な見方だけでなく、もう少し長い時間を意識した課題、国家の防衛問題を冷静に考えておこうと思ったのです。安全保障関連法案をめぐるデモへの「違和感」については、すでに触れました。ですから本章では、「平和主義と国際関係」をどう考えたらよいかについて、正面から取りあげてみたいと思います。

解散総選挙に先立つことさらに半年前の二〇一四年七月。

閣議決定で集団的自衛権の行使容認が大騒ぎになっている頃、筆者は新聞には眼を通さず、ある文章を読み込む作業に没頭していました。有識者会議が提出した報告書「『安全保障の法的基盤の再構築に関する懇談会』報告書」です。丹念に読みすすめてゆくと、戦後の憲法解釈、特に第九条解釈をめぐる基本的な歴史の総復習ができるだけでなく、現在の国際環境についての、有識者の考え方も理解することができます（巻末【主要参考文献】参照）。

読んでいて最重要だと思われたのは、報告書が、憲法前文と第九条を関連づけて解釈していることでした。憲法前文で謳われた「平和主義」が、第九条を想起させることは言うまでもありません。驚いたのは、憲法前文が続けて「われらは、いづれの国家も、自国のことのみに専念して他国を無視してはならない」と述べていることでした。この文章を報告書は「国際協調主義」と名づけ、平和を維持し、専制や圧迫を除去しようと努める国際社会で名誉ある地位をしめるためには、他国の苦痛を無視してはならないと解釈したのです。

つまり、平和主義と国際協調主義の二つの精神を柱に、日本国憲法は成り立っていると報告書は主張しているのです。

非武装中立の限界

筆者はここまで読んで、しずかな確信をもちました。集団的自衛権の行使容認は、国際協調主義、すなわち「自国のことのみに専念」することを止め、世界秩序の構築に積極的にうってでようとするものだと。総理が言う「国際協調主義に基づく積極的平和主義」とはこういう前提に成り立っているのだ、と。

このとき脳裏をよぎったのが、二百年前の一連の歴史的事件すなわち「内向的平和主義」の問題であり、これまで何度も貪り読んできた思想家の文章――高坂正堯《まさたか》の著作だったのです。

さらには、国際政治史や憲法の専門家とは別種の問題関心が、脳裏に急浮上してきました。思えば報告書も政治史も憲法も、他ならぬ私たち人間が作ったのですから、文章の背後には必ず「人間とは何か」という問題が透けて見えてくる。否、こなければならない。

集団的自衛権をめぐる問題は、戦後レジームばかりか二百年前の日本人の傾向を経由し、人間性そのものを問うような射程をもつ、深くかつ根源的な問題だと気づいたのです。その発見を描いてみたい──二〇一四年の夏、数冊の本を傍らに置きながら、筆者はしずかにこう思っていました。

*

高坂正堯は、京都大学で教鞭をとった国際政治学者です。筆者は彼の政治学者としての力量を云々することはできません。しかし、彼の論壇デビュー作「現実主義者の平和論」と「海洋国家日本の構想」を読んだとき、平和主義とは何か、国際関係とは何か、さらには人間を考えるときにすら役立つと確信しました。それは現在の保守派知識人も指摘していない「発見」のはずです。

高坂はみずからを「現実主義者」だと宣言し、一般にも保守派の論客として知られています。当時の論敵「非武装中立論者」たちは、一切の武力の保持を断固否定すべきだという論調を貫いていました。

それはなぜか。冷戦構造のさなか、米ソの核戦争に巻き込まれ、日本は戦争に参加することを余儀なくされるはずだからです。アメリカ陣営だけとの片面講和条約締結、日米安保条約、さらには沖縄を中心とする米軍基地の存在は、日本の安全に寄与しない。かえって「戦争に巻き込まれる可能性をはらんでいる！」と彼らは主張していました。たとえば当時、加藤周一や坂本義和などの知識人は、アメリカの戦争に巻き込まれないために、是非とも非武装中立論をとるべきだと主張しました。核兵器批判→日米同盟批判→非武装中立論という思考の流れです。

集団的自衛権行使容認の閣議決定、その後の安保法制をめぐる論争、さらには沖縄基地移設問題の際にもしばしば耳にした「論壇のスタイル」が、すでに完璧に出揃っていることに注目すべきです。「反米平和主義＝反権力主義」とでも呼ぶべき思考スタイルのことです。

ところで、当時の知識人を席巻する論調を前に、高坂正堯はひとり考え込んでいました。日米安保条約は極東地域の勢力均衡を、まさにこの瞬間にも担ってしまっている。すると「もし、南朝《ママ》鮮の現状を今のままにして、日本を中立化した場合、日本、とくに沖縄という中継基地を失った朝鮮の米軍は孤立してその力を失う。そして、朝鮮半島における勢力均衡は破れ、軍事力の上で優勢となった北朝鮮による武力統一を妨げるものは、北朝鮮の自制だけとなってしまうのである」（「現実主義者の平和論」）。

この時代診察で大事な点は二点あります。第一に、アメリカの撤退は勢力均衡の崩壊を意味すること。第二に、その結果、平和維持は他国の自制心――この場合は北朝鮮――つまり良心だけに期待することになるという点です。

高坂もまた戦争は絶対に防がねばならず、ひとりでも犠牲者を減らしたいと願っていました。非武装中立派の人びともまた、おなじ思いだったはずです。しかしもし、理想論にしたがって非武装中立を貫き、日本から米軍の勢力を、さらには日本人が軍事力を一切撤廃放棄したとしよう。そのとき生じるのは、朝鮮半島の米軍の孤立化と弱体化であり、「勢力の均衡」の崩壊ではないのか。

考えてもみてほしい。利害関係が錯綜し、何本もの足に支えられるようにして、極東の秩序は今、からくも均衡を保っている。そこから一本の足を引き抜くだけで、テーブルは傾き倒れるかもしれない。権力の空白地帯ができれば、そこには今までとは違う力が殺到するのです。「殺到」の瞬間、それが戦争です。現状の均衡崩壊は、戦争を生みだすかもしれない。高坂の第一の時代診察は、以上のようなものでした。理想、それ自体は誠に美しいものです。しかし理想のためにテーブルが倒れ、戦争が起きて人が死ねば本末転倒ではないか。理想によって理想が死ぬではないか。

……日本が中立した場合、朝鮮における米軍はどうなるかというような問題こそ、中立が可能か不可能かを決定するだけでなく、中立が目標として正しいかどうかをさえ決定してしまうものなのである。何故なら、米軍の日本撤退によって勢力均衡が崩れることは、戦争の危険を減ずるものではなくて、むしろそれを増すものである。

このとき間違いなく高坂は、「現実主義者」として非武装中立の限界を指摘しているのです。

高坂正堯の異様な現実主義

高坂の議論には、当時から批判がありました。最も重要かつ典型的な一例を挙げておきましょう。政治思想史研究のチャンピオン丸山眞男はすでに、一九五二年の段階で論文「『現実』主義の陥穽」を書き、現実主義者への疑問を投げかけていました。

現実主義者とは、国際情勢の変化を理由になしくずしに制度変更をしていく人間たちのことである。アメリカの極東政策に無条件に追随する主体性のなさこそ、問題ではないのか。戦争へズルズルむかった戦前と、アメリカ追従の戦後の現実主義者は、おなじ病なのではないか。「現実とはこの国では端的に既成事実と等置されます。現実的たれということは、既成事実に屈服せよということにほかなりません」。

これは第一作『日本政治思想史研究』で、江戸期の国学者・本居宣長を取りあげていらいの丸山の譲れぬ思想的立場でした。研究者の間ではきわめて有名なこの著作で、丸山は「自然」と「作為」という概念を用いて江戸思想史を描きだした。前者・自然がマイナス・イメージで、後者・作為が丸山の理想的人間像のキーワードです。

儒学者・荻生徂徠は、社会は人間が作りだしたものだから、人間自身の手で変えることができる。つまり人間が「作為」した以上、主体的に変えることができると主張しました。一方、本居宣長は、社会は人智を超えた神によって運命のようにあたえられている。あたかも「自然」がそうであるように変えることはできない宿命である。以上のように丸山は二人の思想の特徴をまとめつつ、徂徠を肯定し、宣長を否定した。

既成事実に引きずられずに、逆に主体的に改変していく。そのためのきっかけをどう生みだすか。「作為する主体性の発見」が、丸山政治思想史の終生の課題だったのです。高坂は現代版・宣長ということになり、否定されるわけです。

ところが、現実主義者を自任しているはずの高坂が本領を発揮するのは、この丸山の批判をめぐってなのです。なぜなら高坂は、論敵であるはずの非武装中立論にも評価すべき点があると主張していたからです。では、何を評価すべきだというのか。

高坂は次のように言っています。彼ら非武装中立論者には、一点だけ評価すべき点がある。彼らが原爆投下の被害を受けた日本人の「経験」を、「絶対平和主義」という理念にまで高めたことだ。

先に批判した坂本義和の意見をもう一度よく読んでみる。すると「とくに、坂本氏がたんに原水爆一般の問題を論ずるのではなく、日本人にとっての核兵器の問題という、具体的・特殊的な問題を論ずるとき、すなわち、原爆体験をつうじて学びとった原水爆に対する絶対的否定を国民的原理として説くとき、真骨頂が発揮される」。

高坂は絶対平和論の立場を擁護し、憲法九条を肯定しようとすらするのです。これは現在の保守改憲派、さらにはリベラルな立場をとる護憲派知識人から見ても、異様な論理と言わねばなりません。しかし高坂は本気です。次のような文章にも、現在の改憲保守と護憲進歩派の対立からは理解できない論理が明確に表れています。

私は、中立論が日本の外交論議にもっとも寄与しうる点は、外交における理念の重要性を強調し、それによって、価値の問題を国際政治に導入したことにあると思う。

「価値の問題」ということばに注目すべきです。現状追認など冗談ではない。世界に価値観を提示すべきだ、こう高坂は主張している。

非武装中立論を評価できるのは、どういうときか。彼らが原爆投下の被害を受けた日本人の経験を、絶対平和主義という理念にまで高めたときだ。なぜなら国家が追求すべき価値の問題を考えない場合、現実主義は現実追従主義に陥るからだ。

これは間違いなく高坂のことばです。丸山眞男の発言でもおかしくない現実追従主義批判がここにあるのは言うまでもない。「日本の外交は、たんに安全保障の獲得を目指すだけでなく、日本の価値を実現するような方法で、安全保障を獲得しなければならない」と主張し、「中立はそれ自身最終的な目的ではない。絶対平和という日本国民の価値が実現されうるような国際秩序の達成への過程の一つとして、中立という手段がとられるかもしれないし、とられないかもしれない」と畳みかける時、高坂は、現実主義者にして絶対平和の理想を肯定する「一種異様な思想家」になっているのです。

異様さの根源とは何か。その理由が解明されれば、高坂思想の核心に迫ることができる。それはおそらく二百年前の「内向的平和主義」どころか、人間そのものにまで迫ることができる論理です。筆者が集団的自衛権の問題から平和主義と国際関係、ひいては人間論を導きだせると思ったのは、この時点からです。

エゴイズム貫徹と自省的倫理

高坂にとって平和主義とは何か。なぜ一見して論敵とも思える非武装中立論者の意見を、受け入れ肯定することができたのか。

答えはこれまでの引用のなかにあきらかです。「日本の価値」あるいは「絶対平和という日本国民の価値」としきりにくり返しながら、高坂は、平和主義があくまでも日本の国益に資するような平和でなければならない、と言っていたのです。日本人の考える国際平和秩序を積極的に作らねばならない、という意味です。これはほとんど、安倍政権下での「国際協調のための積極的平和主義」とおなじことを言っています。

高坂が、「絶対平和という日本国民の価値」あるいは「原水爆一般の問題を論ずるのではなく、日本人にとっての核兵器の問題」と主張した際、必ず彼は平和や核廃絶というスローガンを、日本人に固有のものと限定すべきだと主張します。つまり国際社会では、「日本人の考える平和」を実現するように働きかけるべきであって、全人類に共通するような「普遍的な平和」を一切語るべきでないと言っているのです。

国家としてのエゴイズムを貫徹せよ、と高坂は断言している。これはほとんど剝きだしのエゴイズムにも見えます。夫婦喧嘩も戦争も、すぐにも起きそうな気配です。

しかし、それは間違いです。ここに高坂を高く評価するはずの保守派や安保法制懇メンバーも、一方で高坂を敵視するはずの進歩派に近い考えの現代の論客も、ともに指摘しなかった「高坂解釈」を示しましょう。それは次のような、人間存在をめぐる論理です。

高坂は、みずからの主張する絶対平和主義が、必ず「日本人」に固有のものであると限定をつけている。これは確かにエゴイズムです。しかし筆者が考える最も野蛮な態度とは、みずからの考える「正義」「正しさ」を「普遍的」である、「絶対的」であると考える思考態度の方なのです。

自分の考えは正しい、この健康食品は絶対に効くだから飲んでみよ。私の信仰している宗教は絶対に君のためになる、世界平和に資する、だから信じよ——こうした自己絶対化、自己普遍化こそ、もっとも恐ろしいものではないですか。平和や教育や倫理を錦の御旗にして自分流の哲学を絶叫するのは、そこら辺の会社の社長などで、嫌というほど日常生活で経験しているはずです。また前章「近代化論」で、アメリカの知性主義と反知性主義を題材に論じてきた問題を思いだしてほしい。

そのとき、「みずからの主張する価値観は、エゴイズムである」という高坂の主張は、自己の限界を意識している点、きわめて自省的な倫理学です。「自己絶対化の倫理学」と「自省的な倫理学」の決定的な差に高坂は敏感だったことに気づいてほしい。この高坂の冷静さが取りだして見せた人間論の重要性は、いくら指摘しても、しすぎることはない。

現代にもつうじる三類型

非武装中立論者の心を領しているのは、自己絶対化の平和主義ではないのか。自分の正義感に溺れきっていないか。それはあたかも、アメリカ追従を批判しているにもかかわらず、アメリカの反知性主義＝普遍性の主張にそっくりではないか。高坂にとって、だから平和主義はカギ括弧付きの「平和主義」、すなわちエゴイスティックなものでしかありえない。

では安倍政権における集団的自衛権はどうか。安保法制懇の次の文章を見てみましょう。

仮に一国が個別的自衛権だけで安全を守ろうとすれば、巨大な軍事力を持たざるを得ず、大規模な軍拡競争を招来する可能性がある。したがって、集団的自衛権は全体として軍備のレベルを低く抑えることを可能とするものである。一国のみで自国を守ろうとすることは、国際社会の現実に鑑みればむしろ危険な孤立主義にほかならない。

「孤立主義」という最後の部分に注目してみたいと思います。孤立主義は孤独のなかに閉じこもることにも、また孤独に堪え兼ねて過剰な自己主張を始めることにもつながります。「デモ論」で見たロマン主義的な人間こそ、この典型だったはずです。

それを防ぐには、人間であれば他人との、国家であれば他国との健全な支援関係、かかわりを保ち続ける不断の緊張と努力しかありえない。自己の力の限界を正しく見極め、微調整し続けることが「国際関係」なのです。「親日」ということばと共に、「知日」という概念があるように、外交は本来、相手を知って緊張を保ち、手をつなぎ合うことだ。本当に親しい関係を前提とすること自体が間違いなのです。

にもかかわらず昨今、周囲に立ちこめる集団的自衛権と憲法の平和主義をめぐる議論は、次の三つの型に閉じ込められたままです。

第一に、アメリカの集団的自衛権行使容認、基地負担に応じるのはけしからん。なぜなら日本が、国家としての自立心を失っているからだ（民族主義の萌芽）。だからアメリカに翻弄されず、平和を愛するわが民族の意志を示すために、憲法九条＝平和主義を是非とも守らねばならぬ（①対米追従批判とリベラルナショナリズム）。

第二に、アメリカに翻弄されず、わが民族の意志をしめすためにも、憲法を是非とも改正し、自主憲法・自主防衛を推し進めるべきだ（②対米追従批判と改憲ナショナリズム）。

第三に、いや①も②も現実的ではない。アメリカと共に集団的自衛権行使を容認し、安全保障上、基地負担はやむを得ず、私たちは積極的平和主義にうってでるべきだ（③日米同盟型保守主義）。

高坂が、③に所属することはあきらかです。しかし高坂が米国との距離感に非常に敏感であった以上、彼は嫌米ではあっても反米ではなかったし、親米ではなく知米であった。全面的に③ではなかったのです。嫌いな人であっても、つきあうのが社会なのだから。

現在、この国の言論界はこの三類型のなかをぐるぐる回って、高坂を置き去りにしたまま何か「新しい」ことを言ったつもりになっているだけではないのか。

冒険主義への嗅覚を

「現実主義者」高坂の主張は、一見、きわめて手堅く見えます。石橋を叩いて渡るような、事なかれ主義のような印象すらあたえます。三十歳にも満たない若手のデビュー論文であるにもかかわらず、どこか成熟した印象をうけます。

しかし「現実主義者の平和論」を読み終わり、「海洋国家日本の構想」へとページをめくり論旨をたどるうちに、筆者は再び高坂の異様さに出くわしました。この思想家の時代診察は、つねに私たちが勝手に捏《こ》ねあげたイメージをくつがえすのです。先には丸山眞男を思わせるような「現実追従主義批判」に出会った。ではこの論文で、高坂はいったい何を語り始めるのか。

それは「あぶれ者」と「英雄主義」の肯定です。

戦後の経済成長を達成し、巨大な国力をもった日本は、奇妙なことにその力をもてあまし、国民的目標を失っている。さらには急速に台頭する中国によって、日本人は戦後の防衛・外交の前提だったアメリカ依存にも限界があるという事実を知ってしまった。つまり「対米従属と対中従属というジレンマ」に陥りはじめていると高坂は言うのです（「海洋国家日本の構想」）。

これまでの前提が崩れ去り、極東アジアの秩序がゆらぎ、新たな国家戦略を強いられる、ということです。このとき高坂の脳裏に激しく渦巻いていたのは、なんと本章の冒頭でふれた二百年前の日本の鎖国政策と、戦前の満州事変への猛烈な反省の意識でした。

鎖国とは他でもない、志筑忠雄が『鎖国論』で肯定した松平定信政権時代の政策のことです。

たいする戦前の満州事変は積極的に中国大陸へと進出をくわだてた事件であり、帝国主義的膨張をイメージさせます。鎖国は「縮小」の象徴であり、満州事変は「膨張」を意味します。一見対立するように見える二つの政策には共通点がある。収縮と膨張が、実はおなじ病理から始まっていることに高坂は気づいたのです。

満州事変を見てみよ。当時、国内で指揮を担っていた外務官僚は、大陸に住んでいる現地日本人への理解に欠けていました。大陸の事情を詳細に把握し、現地日本人の心を摑《つか》んでいたのは、むしろ大陸浪人などの「あぶれ者」たちだったのです。これは鎖国政策についても言えることで、鎖国以前、日本人はおよそ百年ものあいだ、勘合貿易や倭寇、さらには八幡船《ばはんせん》などによって積極的に海外進出していました。その「あぶれ者」たちの活動を、統治者の視野狭窄な鎖国政策で終わらせてしまった。

かくて、日本史における二つの大きな悲劇、鎖国と満州事変は、ともに、日本の外に開いた部分と内を向いた部分が接触を失い、均衡を失ったときに起こった……この二つの悲劇は、きわめて異なるように見えながら、実は同じ原因に根ざすものなのである。

戦前で言えば大陸浪人、鎖国以前の時代であれば南シナ海に勇敢に漕ぎだした日本人、「あぶれ者」と「冒険的要素」こそ社会に必要な活力なのだ。通商国家として世界で自己主張する以上、日本の統治者は冒険主義の気分を取り戻すべきである。しかし、彼らは危険な存在でもある。ひとつ取扱いを間違えれば、活力は満州事変のように、勝手気ままに膨張する行動へとエスカレートするからです。それはあたかも、「近代化論」の章で指摘したアメリカのように、みずからの価値観を普遍・正義であることを疑わない膨張主義のような危険をもっている。

統治者が冒険への嗅覚を失い、「あぶれ者」たちの感覚を摑みきれないとき、彼らは暴走しはじめた。満州事変が起き、膨張＝軍部の暴走をみずから制御できなくなった。

他方で、縮小＝鎖国に閉じこもることもまた危険だ。過度の膨張と縮小に共通するのは、他者への感覚がないということです。眼の前には他人がいて、全然異なる価値観・世界観で生きている。見えている風景が全然違う。にもかかわらず、一方的に自己主張すれば衝突は避けられないでしょう。また他者との関係を一切絶ち、自己内部の論理に引きこもれば、情勢の変化に決定的に無知になるでしょう。いずれにせよ、他人との適正な距離感を失ってしまう。

高坂が批判してやまないのは、こうした他者感覚の欠如であって、これは人間関係だけでなく、国家同士の国際関係についてもまた、しかりなのです。

経済大国として世界に認められた日本は、中国の台頭によって、対米追従と対中追従の間を縫うように生きていかねばならぬ。そのとき統治者に求められるのは、「内向的平和主義」でも「孤立主義」でもなく、いわんや膨張主義でもなく国際関係にたいする鋭敏かつ大胆な嗅覚をもち続けることだ。これこそがほんとうの現実主義であり、平和の追求なのだ。東西冷戦の最中にもかかわらず、現在の日本で叫ばれている「極東アジア情勢の変化」を、ここまで深く診察していた思想家がいたのです。

国際社会への嗅覚を失い、「あぶれ者」が制御不能に陥るとき、国家は危機をむかえる。あるいは他人との関係を閉ざすこともまた、同様に国家を窮地に陥れるだろう――これが国際政治学者・高坂が導きだした「平和主義と国際関係」についての時代診察だったのです。

沖縄問題論——「弱者」への同情は正義なのか

新聞によって異なる「現実」

「現実の複雑さを直視せよ」と言ったのは、たしか戦前の小林秀雄でした。

このことばはいかにも凡庸です。しかし平凡だからといって、簡単に実行できるとは限らない。たとえば他者と自分を比較したり、酒の席で社会問題を論じたり、野球選手を批評しながら一日を過ごします。テレビで得ただけのありふれた情報に基づいて批評している場合も多いものです。野球ならまだよいでしょう。否、野球選手でさえ、余人の与《あずか》り知らない苦労を抱え、今、打席に立っているかもしれません。つまり酒宴の席の私たちは、野球選手の「現実」を知らない。

では、おなじことが政治で起きればどうでしょう。噂を信じこんで、怒ったり賞賛の声をあげる。こうしたことが政治の場面だとどうなるか。実際、外交や防衛を論じるとき、昂奮の坩堝にはまってしまうことが非常に多い。

しかしそれでよいのか。国家や政策について考える「ものさし」が、自分の怒りなどを根拠にしてよいはずがない。「現実の複雑さを直視せよ」とは、感じやすい気持ちを抑えて、現実を丁寧に眺め渡すことを意味するのです。分かりやすい正義ほど、ニセモノの劇薬であることに気がつく必要があります。

本書冒頭で宣言したように、「良医とは、患者に安心感をあたえる人」のことです。あわてず身体をくまなく調べ、たしかな処方箋を描く。治して当たり前、特に賞賛されることも期待しない、これが医者の仕事です。前章の高坂正堯が「現実主義」を唱えた際にも、きっとこうした冷静さがあったに違いない。平成日本をしずかに触診し、身体のきしみ、「違和感の正体」を暴きだしましょう。

時間を少しだけ遡ります。世間が相変わらず、クリスマスの喧騒と余韻に浸っていた二〇一三年末のことです。一つの「事件」がこの国を襲いました。沖縄の普天間基地移設問題にたいして、「県外」を主張し当選した仲井眞知事が、辺野古移設へと転じたのです。その後、事態はさらに急展開し、知事の職責は仲井眞氏から翁長氏へと委ねられ、政府の移設方針に真向から対立する構図が現在も続いています。

基地移設の是非について、直接の評価を下すのは、政治外交問題の評論家諸氏にお任せします。まずはこの間の事件の背景と、新聞各社の反応をしらべることが触診の手始めになります。

二〇一三年十二月二十八日の新聞各社は、沖縄の基地問題で埋められていました。遡ることおよそ二十年前の一九九五年、米兵による少女暴行事件がそもそものきっかけでした。沖縄の人口密集地は、那覇市を中心に、島の南半分にありますが、米軍普天間飛行場は、あたかも沖縄の心臓近くをえぐるような場所、すなわち宜野湾市にあります。人口密集地の近くを、つねに軍用機が飛び交う光景。それは現地に住む人にしか分からない、なにか異様な気分をあたえてきたはずです。

宜野湾市にあるこの飛行場を、日米両政府が五年から七年で返還する――こう約束したのは、暴行事件の翌九六年のことでした。いらい、十七年の時は流れ、いまだに私たちはこの問題を解決できずにいたのです。

解決できないばかりか、二〇一三年末のこの日を迎えるまで、沖縄の人びとは翻弄され続けてきたのです。「県外・国外移設」を絶叫した民主党・鳩山政権は、すぐさまこの机上の空論を撤回し、一転して辺野古沿岸に飛行場を移転すると言いだしたのです。

机上の空論宣言＝国外移設発言からわずか半年、二〇一〇年の春のことでした。

十七年という歳月のなかで、沖縄は政府の意志に時に翻弄され、時に根拠なき希望に固唾をのみ、落胆を余儀なくされてきたのだと思います。そしてようやく、普天間移設は現実味をおびた。十七年待った。そして五年以内の運用停止を見すえて仲井眞知事と政府はともに歩み始めたわけです。それ以後代わった翁長知事が承認を取り消し、現在の膠着状態になっていることは皆さんご承知のとおりです。

筆者がここで取りあげているのは、翁長知事に代わる以前の二〇一三年クリスマスの出来事です。新聞各社がそれぞれの立場から批評を加えました。日米両政府、沖縄県、名護市、米軍という複雑な方程式を解き続けようやく正解にたどり着いた十七年間だったと読売新聞は肯定的に評価しました。沖縄から米軍撤退をもとめる「理想論」ではなく、辺野古移設へ踏みだした選択を「現実」的と評価したわけです（読売新聞、二〇一三年十二月二十八日社説）。

一方で反対の考え方もあります。普天間移設の決断は、民主党の理想論とともに歩み、県外移設を訴えて当選した仲井眞知事の裏切りではないか、という論調がでてきたのです。沖縄は移設に失望するだけではない、本土から「差別」されてきたのであり、象徴的な事件が普天間飛行場の移設だと言うのです。

政府の思惑に妥協し、また最終目標＝県外移設を断念したのは、沖縄差別そのものである。「なぜ沖縄だけ負担が重いのか」という絶叫が聞こえないのか。これこそ侮辱であり、差別ではないか。「日本は戦後、憲法9条の下で平和国家の地位を築いた。ただし、それは日米安保条約による米軍の駐留と沖縄の負担の上になりたつ平和だ」（傍点筆者）――こう主張して朝日新聞は締めくくります（朝日新聞、二〇一三年十二月二十八日社説）。

筆者の「違和感」は、両新聞の考える「現実」の中身が大きく違うことに気づいたことから始まります。前者は、日米両政府が辺野古移設を決定したことを「現実」的だと肯定します。一方後者の場合、移設はアメリカ追従と本土による沖縄差別という二つの「現実」を忘却することで成り立つにすぎないと批判するわけです。

憲法九条の平和主義すら単純に言祝《ことほ》ぐべきものではなく、米軍の支えによる束の間の理想論にすぎない。「現実」ということばに込めた思いが各々違った結果、時代に下す診断と処方箋も、移設賛成と移設全否定＝県外移設という異なるものになりました。時代診察の違いが、薬の種類まで変えてしまった。

古くて新しい沖縄問題への論点

つまり辺野古移設問題は、日米関係という「古くて新しい」問題が根本にあるわけです。古いというのは類似した問題が過去にもあったからであり、新しいというのは、ここ数年の中国の台頭とアメリカの相対的な国際社会での地位の低下が、日本に対中国・対米との距離感をいま一度考えることを迫っているという意味です。

ここで筆者が参考にしたいのが、吉本隆明という批評家です。詩人として出発した吉本は、一九六〇年代の日本言論界を牽引しました。『言語にとって美とはなにか』など理論的な著作を発表するとともに、現実社会にたいしても積極的な発言をしたことで知られています。なかでも人間と国家との関係を問い直す『共同幻想論』が、彼の名前を決定的に歴史に刻印することになりました。吉本はこの書で、みずからの戦争体験とその克服方法を理論化したのです。

その吉本が沖縄返還に際して極めて興味深い発言をしている。それは辺野古移設を考えるにあたって見逃してはならない論点を提供してくれるでしょう。

まずは吉本の沖縄論の背景をなす、時代情勢を復習します。

米軍占領下にあった沖縄が一九七二年に返還されるまでの過程は、七年八ヶ月の佐藤栄作内閣の時期にすっぽりと収まっています。前任の池田勇人内閣までは、日米間にきしみをもたらす可能性を秘めた沖縄返還は、表立って政策に載せられるものではありませんでした。日米安全保障条約の改定をめぐる騒動、すなわち「六〇年安保闘争」で高揚した反米意識をこれ以上刺激しないためにも、国民の関心を政治からそらす必要性があったからです（以上、西山太吉『沖縄密約』）。

たとえば一九六〇年十二月二十七日、「所得倍増計画」が池田内閣で閣議決定されました。アイゼンハワー米大統領の訪日を阻止した事件「アイク訪日阻止」と岸信介退陣から、わずか半年しか経たない時期のことです。「政治の季節」に終わりを、との思いが政府側にはあったのです。六二年十一月から六四年十月までの期間、東京五輪開催のための新幹線の整備、カラーテレビの急速な普及は景気回復の起爆剤となり、池田内閣の策略は当たりました。

一九六四年十一月。内閣総理大臣は、池田からいよいよ佐藤栄作に代わります。

順調すぎる経済成長をとげ、また日韓基本条約も締結されるこの時期、佐藤に残されていた政治的課題はしぼられていました。政治生命をかけてとり組むべき課題、それが沖縄返還でした。戦後の首相による沖縄訪問は、なんと六五年八月の佐藤栄作がはじめてだったのです。

沖縄を考えるうえで、もうひとつ考慮すべきはベトナム戦争です。北爆を実施し、本格的なベトナムへの介入を開始したアメリカは、沖縄の基地への依存度を高めてゆきます。米国内ですらベトナム戦争反対運動が盛りあがるなかで、佐藤はアジア諸国歴訪と二度目の日米首脳会談をおこない、アメリカ政府への全面的支持を演説で表明しました。沖縄返還の密約をむすぼうと目論んでいたのです。

事態が急変するのは一九六八年からです。十一月十九日、大量の爆弾をかかえてベトナムへ発進しようとしたB‐52が大爆発を起こし炎上しました。沖縄県民の怒りは頂点をむかえます。激化する住民運動を前に、日本政府だけでなく、アメリカ政府内部にも、基地を使用し続けるためにこそ施政権は返還するほうが妥当、という気分が漂いました。つまり反米・反ベトナム戦争＝沖縄返還という国内の思いと、アメリカ政府の基地使用の継続＝沖縄返還という「ねじれ関係」が、偶然の一致をみたのです。

沖縄返還の歯車が回転し始めました。六九年春から初夏にかけて政策立案が行われ、三年後の返還が決まります。日米共同声明でのことでした。「非核三原則」をかかげた佐藤栄作が、後にノーベル平和賞を受賞したことを思いだして下さい。このときアメリカは、表面的には核兵器すら沖縄から撤去する「核抜き本土並み」の待遇で、沖縄返還要求を呑んだようにも見えたのです。

吉本隆明の沖縄論

では吉本隆明の沖縄論の特徴とは、どのようなものだったのか。

それは沖縄返還の論調にたいする「違和感」から始まります。共同声明発表後の七〇年代に入ってからも、大江健三郎の『沖縄ノート』などが人気を博していました。吉本自身、学習院大学などの講演会で沖縄について思いを述べ続けました。

世間を騒がせている沖縄論のほとんどは、二つの問題に「単純化」されているとしか思えない。第一に、日米関係こそ沖縄問題の本質だと知識人は騒ぎたてている。アメリカ軍が沖縄に駐留し、ベトナム戦争の前線基地になっている。自分たち日本人は、実はベトナム戦争に参加しているのとおなじではないか。しかも本土の人間は、沖縄に過大な負担をかけ責任を押しつけている。自分たちは「加害者」なのだ。

実際当時、加害者意識によるベトナムと沖縄への同情が、対米追従批判となって噴出していました。反基地は反安保につながり、さらには反米意識となって本土東京の人びとをデモに駆りたてていたのです。だが加害者意識と弱者への同情は、問題の本質をついていないと吉本は思った。

第二に、一方でアメリカ軍の基地の存在なしには、経済的な保証が得られないという立場にも違和感をもたざるを得ない。典型的なのは、沖縄の労働運動の指導者層を見るとあきらかになると思われた。彼らは本土と沖縄を区別したうえで、「みずからは僻地であり、遅れた沖縄には経済的保証が不可欠だ」と、無意識のうちに現体制の自民党に救いを求めている。

しかし以上の二つの立場はいずれも、決定的な間違いをおかしているのではないか（以上、「宗教としての天皇制」参照）。前者では本土の人間が沖縄の人びとを、後者では沖縄人自身がみずからを「弱者」や「被害者」「辺境」の人間だと思い込んでいることに、吉本は激しい疑問をもったのです。

弱者への同情は、みずからの正義感を信じて疑わず、デモをおこなう集団を産みだしている。しかしデモは、アメリカ批判という民族感情を刺激しているだけに過ぎない。「民族自立か対米従属か」、「戦争か平和か」という二者択一に問題を単純化し、人びとは旗のもとに集い群衆と化してしまう。そのとき本土復帰運動、沖縄奪還運動というのは、一種の民族主義的な形になってしまう。イデオロギーに殉じている姿は、ほとんど戦前とおなじではないか。高揚したナショナリズムの感情に酔っている点、保守も革新もおなじ穴のムジナではないか。

憂国の文学者たちの誤謬

六〇年安保騒動のときから、吉本はおなじ主張をくり返していたのです。様々な社会問題の原因を「対米従属」に求めるのは絶対に誤りだと。政治の「大問題」を好む知識人や学生は、確かに興奮するであろう。しかし安保闘争のときですら、一般人は冷ややかに事態を見つめていたではないか。従属とか民族とかを掲げたアメリカ批判のデモでは、有権者の関心を得るのには限界がある。ならば今度は、民主主義を擁護せよ！　とか、市民の権利を！　といったより温和なスローガンに代えれば、大衆から賛同が得られるとでも思っているのか。大衆をバカにするのもいい加減にしてほしい。「こういう子供のような非論理で、安保改訂《ママ》には無関心であるが、現実認識では大人である大衆を動かすことができるはずがない」。

文学者としてのわたしが、安保改訂に反対し、抵抗するのは、けっして、他の憂国の文学者のように、安保改訂が民族の従属や、日本人の拘束のシンボルであると考えるからではない。このような憂国の文学者を、わたしは現在の日本社会の段階で錯誤者としかよびえないのを残念におもう。（以上、「憂国の文学者たちに」）

ここでの「憂国の文学者」が右派だけでなく、小田切秀雄や大江健三郎、野間宏といった革新・リベラル陣営の知識人にもむけられることが重要です。弱者への同情の裏に、実は激しい民族意識への情念を聞き取り、彼らの時代診察は思想の左右にかかわらず誤診であると吉本は断言したのです。

ほとんどの文学者は、身の周りの他人と意見が合わなければ衝突し否定してみたり、あるいは国家権力は圧力だと拒絶している。それで何ものにも従属していないと思い込んでいる。しかし、そうして一つひとつ身の周りから「関係」を削り取った挙げ句、残った「自分」は今度はきわめて簡単に民族や弱者という集団に取り込まれてしまう。孤独に耐えられず、昂奮するシンボルによって連帯感とつながりを求めているのだ。だがそれは、国家の代わりに他の集団で心を穴埋めしただけではないのか。

沖縄への本質的激励

また、保守系の沖縄人自身にもおなじことが指摘できる、と吉本は言いました。みずからを弱者であると規定すれば、経済的保証を本土に期待し続け、不平不満を抱えたままの「沖縄民族主義」になってしまう。これでは永遠に屈折したアイデンティティしか持てないではないか。日本という国家レベルの民族主義と対米批判が、沖縄という縮小された民族主義と対本土批判にすり替わっただけで、論理構造はおなじではないか。

政治的な体制／反体制から問題を解こうとする限り、沖縄はつねに「みずからは何者か」について、「辺境」としか答えられないことに吉本は気づいたのです。

屈折などいらないのだ。ほんとうに人間が解放されるためには、政治的スローガンだけではダメだと吉本は思いました。沖縄には沖縄独自の存在意義が、背筋を伸ばして主張できる健やかな自己主張が必ずあるはずだ。それは沖縄自身が、みずからの手で探しださねばならない。結果的に沖縄と本土が対等になるには、政治以外の方法しかないと思ったのです。

政治的スローガンではなく、人びとの生活意識に根づいた思想の力によってしか絶対に現実を動かすことはできないのだ。

沖縄の人びとへの吉本の激励は、きわめて迫力に充ちています。安易に同情しないその姿には清々しささえ感じられ、容易に否定することができません。

吉本が二つの主張いずれにも属さない独自の思想を紡いでいたことが分かるはずです。対米追従批判＝反基地の立場も、経済的依存のための基地賛成も、ともに問題の本質をついていない。屈折した民族感情に煽られているだけにすぎない。

知識人や学生は、なぜ政治的昂奮に絡めとられるのか。たんなる正義感と同情心に淫し、素人政治ばかりしているのか。日々テレビや新聞を賑わせる沖縄問題は、政治的な駆け引きであっても構わない。だが「文学みたいに少なくとも個人幻想、つまり人間が人間である」ゆえんを探る者は、政治的な離合集散などにかかわらなくてよいのだ。文学や思想だけが、喧騒をいったん離れ、人間について思考実験する特権をもつからです。

たとえ現実を変えられないとしても、沖縄が本土と対等になる可能性について考え続ける勇気、喧騒と怒号の渦中で躓き、立ち止まって思考実験する勇敢さが必要なのだ。

琉球、沖縄の問題は、たんに米軍基地が存在して、土地の連中が迷惑しているとか、また基地の存在なしには経済的に成り立たない部分が多数存在するというようなことでもないし、また本土復帰なんていうことをいって、それで終わることでもありません。本来的にいえば、彼らが彼ら自身で本土中心あるいはいってみれば天皇制統一国家中心に描かれてきた本土の歴史というものを、根柢から突き崩すだけの問題意識と、それから主要テーマの研究と学問と思想をひっさげて、本土と一体になるのでしたら、それなりの意味あいがあるとおもうんですけれども、そういうことをぬきにして本土に復帰したってどうっていうことはないわけです。(「宗教としての天皇制」)

こうした真正面から堂々と正論を吐く人間こそ、知識人と呼ばれるに相応しいではないか。

戦争体験から摑み出した思想の迫力

それにしても、なぜ多くの人が弱者への同情と反米民族主義にはまり込んでしまうのか。またなぜ、沖縄返還問題が吉本に違和感をかき立てたのか。

なぜなら国家権力を「信じない」はずの彼らが、弱者を簡単に正義だと「信じて」いるからです。少数であることは、物事を信じる根拠にどうしてなるのですか。無謬の正義になるのでしょうか。考えてみればよく分からない。吉本は生涯にわたる思想的課題を、みずからの戦争体験に求めることで、広く世に受け入れられました。『高村光太郎』や『マチウ書試論』といった名作が生まれた。

戦争中のみずからを振りかえると、天皇制国家の価値観を様々な角度から批判検証したにもかかわらず、最終的には正しいと「信じた」。戦争へとのめり込んでいった。

しかし敗戦は彼に、その判断が間違いであることを突きつけた。このとき吉本の思想的課題は定まりました。「どれだけ正しく見えても、簡単に信じないようにするにはどうすればよいか」に生涯をかけて取り組み続けると決めた。反権力の集団をふくめたあらゆる「つながり」に没入すること、正義を主張することへの嫌悪感が吉本思想を貫く骨なのです。

一九七二年の沖縄返還問題をつうじて以上の吉本の論理を知ったとき、筆者はしびれました。思想家が摑みだしてきた「ことば」の迫力は恐ろしいと改めて思うと同時に、辺野古移設の是非で揺れる二〇一〇年代の日本をすっきりと理解できると思った。そればかりか安全保障関連法案を含めた対アメリカをめぐる議論のほとんどを、一蹴してしまう破壊力を持っていることに気づいたのです。

戦争体験は、吉本から一切の「ものさし」を奪った。善悪の価値基準を奪い去った。しかも安保闘争いらい沖縄返還まで一貫して民族感情に飛びつく「処方箋を焦る社会」を警戒し続けた。

今回の基地移設問題で言えば、政府の対米追従を批判し沖縄差別論を書き立てるのは、民族主義と弱者同情にすぎないと、吉本に否定されることでしょう。彼らは国家権力を否定したつもりになっているのかもしれない。基地問題を押し立てて「つながり」あい、人びとはアメリカに怒りを感じ日本を過剰に意識している。これは経済的に失速し、国内にも国際関係にも課題をかかえ、不安に陥りつつある人に魅力的です。しかし、屈折した民族主義の発露にすぎない。

返す刀で、自民党の振興策にすがる立場にたいしても、それはみずからを辺境や弱者として規定しているからダメだ、と斬ったはずです。つまり吉本は、本章冒頭で引用した二大新聞、いずれの立場にもおそらく立たなかった。権力と反権力、強者と弱者という二分類を断固拒絶したことの重要性は、いくら強調しても強調しすぎることはありません。

戦争体験で容易《たやす》く何かを信じることの恐怖を味わった吉本は、人間が如何に弱々しい存在であり、信じたものに引きずり回されてしまうかに敏感だったことが重要です（こういうとき、弱いということばを使うべきです）。

今、吉本の水準で物事を考え思考実験をする思想家のことばを、残念ながら筆者は新聞であれ著作であれ、耳にしたことがない。あるのはせいぜい、次のようなレベルの時代診察ではないでしょうか――「一見おなじ保守派にも、親米と反米がいる。『反米保守』はアメリカ批判という一点で、従来の革新と近い立場にある。『親米保守』の安倍政権を批判しているからだ。つまり、中国の台頭と極東アジア情勢は、左右知識人の立ち位置まで分かりにくくしている。この複雑な現実を直視せよ」。

複雑どころか、単純化の極みだと筆者は言いたい。

言論の大空位時代に

沖縄をめぐって二大新聞とこれだけ時代診断が違う以上、処方箋が異なるのは当然です。最後に吉本の時代への処方箋を見ておくことにしましょう。

吉本にとって沖縄とは何だったのか。なぜ重要性をもったのか。それは沖縄が古い時間を湛えているからです。戦前の天皇制国家を信じた反省から出発した吉本にとって、天皇制の成立過程をさぐり、相対化することは最重要課題のひとつでした。その際、ある儀式に注目することで、吉本は沖縄を「弱者」の立場から解放できると考えたのです。

その儀式とは、「聞得大君《きこえのおおきみ》の就任儀式」です。天皇制と聞得大君、それぞれの王位就任儀式には共通性がある。先行するより小さな共同体の宗教的な力を吸収利用して、みずからの正当性を強固にし、人びとを信じ込ませようとする点です。しかも沖縄の儀式は本土の新嘗祭より古い形態を、生き生きと現在にまで保存している。

つまり本土＝天皇制と、沖縄＝聞得大君はおなじ問題を抱えていて、もし天皇制よりももっとはっきりと人間が何かを「信じて」しまうカラクリが暴けるならば、沖縄は独自の役割を担う可能性をもつと吉本は思ったのです。

こうして吉本は、沖縄の「時間」にこそ注目すべきだと言いました。ほとんどの論調が、沖縄と本土との関係を「空間」的にしか把握していない。中央と辺境という空間的な把握に停まる限り、問題は政治性を帯びる。辺境にはすぐさま弱者の匂いがつくからです。しかし民俗学をつうじて本土と沖縄を時間的に比較すれば、本土よりも古い信仰を遺した場所として、沖縄は独自色を発揮することになるのではないか。（以上、「南島の継承祭儀について」）

この処方箋は、いかにも抽象的な印象をあたえます。また筆者と吉本では天皇制にかんする評価も考え方も大きく異なります。しかし処方箋の是非はともかく、投薬する以前の、吉本の時代診察はきわめて深く説得力を感じる。とにかく手強い。

思想家や文学者とは、自意識をこじらせて風邪を引いている連中ばかりではありません。またデモなどでワンフレーズのことばに絡めとられている者ばかりでもないのです。「ものさし不在」の時代状況を戦争体験から全身で受け止め、思考実験をしている。政治から刺激や昂奮をもらうのではなく、むしろ思想に立て籠ることで政治を射っている。この迫力を、東日本大震災後、文明の大転換とか戦後の終わりとか言っている人はどれだけもっているでしょうか。同世代で言論をつくる人間として、恥ずかしさすら筆者は感じます。

今、わが国には国家のあり方をめぐって、固唾《かたず》をのんで見守るような論争＝「ことば」の力がどこにもありません。丸山眞男を読んで民主主義や主体性が大事だと納得し、廣松渉をひも解き近代を超克した気になり、あるいは小林秀雄のなかに保守的な警句を拾いだして人生を分かったつもりで説教を垂れる。

ならば現代言論界は、呆れるような大空位時代ではありませんか。この危機意識こそ、あえて言えば「憂国」ではないのか。こう言う筆者は「右翼」なのでしょうか。沖縄の基地問題は、たんなる時事問題ではありません。この国の現在の姿を映しだす試金石でもあるのです。

震災論――「自己崩壊の危機」をどう生き抜くか

あの日、福島にて

筆者は前章「沖縄問題論」のサブ・タイトルで「弱者」ということばを使いました。そもそも弱者とは誰なのでしょうか。どんな時、人は弱者になってしまうのでしょうか。最終章は、この問題をめぐってひとつの象徴的な場面からはじめたいと思います。

二〇一一年四月二十一日。場所は福島県田村市にある総合体育館でのことでした。菅直人首相（当時）は、原発事故で逃げ惑う人びとを見舞うためにこの日、体育館を訪れました。大熊町・富岡町・川内村を追われた老若男女が、冷たい板の間に座りこんでいました。

東北の冬は寒い。二転三転する政府の指示にしたがって、被災者は福島第一原発から五十キロほど離れたこの場所にようやく身を寄せていたのです。床に段ボールを敷いたままの、満足な暖房器具もない体育館は心底寒い。疲労と、ぶつけどころのない怒りと不安はピークに達していたに違いない（筆者もまた埼玉に避難したとき、こうした苛立ちを覚えました）。非常事態をしめす作業服らしきものに身を包んだ首相は、憔悴しきった被災者のあいだを足早に通りすぎ、館内を一周すると視察を終えて立ち去ろうとしました。

そのとき、小さな事件が起きたのです。被災者の夫婦が「もう、帰るんですか！」とするどい声で詰問しました。あれはたしかに「詰問」でした。首相自身が、ビクリとした表情で振り向いたことが何よりの証拠です。首相は狼狽《うろた》えながら被災者のもとに戻り、話を聞きはじめました。テレビが一連の場面を連日、流したので覚えている人も多いでしょう。それくらい印象的な映像だったのです。

では何が、強烈な印象をあたえたのでしょうか。違和を覚えたとして、私たちの何を刺激したのでしょうか。

次のように考えてみましょう。一国の首相とよばれる人物に、いかに混乱と困難があろうとも、市井の人が隣人を怒鳴るように詰問したことは異常事態です。異常だという感覚があればこそ、テレビはこの映像を流した。

民主党政権の中枢は、いわゆる「団塊の世代」によって占められていました。菅直人氏自身が、市民運動から身を起こしたリベラル派の人物です。団塊の世代の一部が若いころおこなったことは、権威にたいする違和感の表明でした。大学行政でも国家権力でもよい。体制とよばれてるものに不満を表明し、場合によっては、とにもかくにも、既成のものへ「NO」を突きつけること。これが若者の特権とすら思われていました。

その後、彼らは若者を卒業し、大人として社会へと巣立っていきました。社会の歯車をまわす一員となり、今度は順番として日本国家を切りまわす年齢に達した。六十五歳前後こそ、現在の日本社会の中枢を担当するからです。

世代を象徴する首相が、市井の人から、なんの躊躇《ちゅうちょ》もなく叱責された。首相は、みずからのおこなってきたことに復讐されたのです。権威の否定を唱え続けた青春時代を、自分自身はすっかり忘れていたかもしれません。しかし反権威と反体制の意識は、日本社会全体を腐食し続けました。「首相」という役職が当然もっているはずの威厳、近づき難さは崩れかけていたのです。

足元が完全に落盤崩壊したのが、東日本大震災でした。菅首相は今こそ権威と権力をともに手中におさめ、最良の意味で行使し、国民をとりまとめ陣頭指揮し、一切の責任をとり方向性を定める立場にいた。しかし支えてくれるはずの足元は崩れ、振りかざそうとした権力の刀は錆び刃が毀《こぼ》れた。体育館で起きた小さな事件が象徴していたのは、権威の崩壊という事態だったのです。

今の日本に安心の最終根拠がないことを示した、とも言えるでしょう。原発事故後、放射能をめぐって「政府の言うことは根拠がない。だから安心できない」と騒いだ人びとと、首相の狼狽はおなじ意味をもつのです。高度成長の象徴である電源が制御不能になったことで安全神話は終わり、不安が表舞台へとせりだした。「ものさしの不在」があからさまになったのです。戦後七十年間、日本人を支えてきた経済信仰、生活様式が通用しない「現実」が溢れでてきた。

「躓くこと」と「躊躇うこと」

それ以降、耳にした震災後の対応は、大きく二つに分けられます。第一に、すでに本書全体で描いてきたことですが「ものさしの不在」をさらに助長するような声高な主張がありました。「政府を疑え!」「××反対!」などのことばがそれにあたります。

前章「沖縄問題論」で、吉本隆明を参照しつつ考えたことは、私たちがそう簡単に

「弱者」の立場、言い換えれば正義には立てないということでした。筆者自身が原発事故の当事者＝弱者になって分かったことは、小さき者の声とは本来、耳を欹《そばだ》てなくては聞き取れないくらい繊細なものであり、「弱者」などという粗雑な一言でもって尽くせるものではない。

一例だけ挙げます。教員であれば生徒の安否確認の作業に追われ、授業再開を告げる連絡をすれば「何を根拠に安全だと言っているんだ」と保護者から怒鳴られつつ説明を継続、授業再開後は生徒の家庭状態についての相談にのり、その教員自身もまた避難者である……。

同情を誘っているわけではないのです。思想的に言えば、人間はどんな混乱した状態にあってもなお「散文的な生き物だ」ということを分かってほしい。日一日を生きる人間にとって、毎日はまさに「生きる」という些事の積み重ねのことを指すのであって、何ひとつ英雄的、劇的、詩人的なものはありません。スーパーで福島産のものを手にとり買うかどうか「躊躇《ためら》う」、こうしたことの連続のうちに復興へむかう日々があるのです。

だからでしょうか、不思議なことに日々全国区の新聞やニュースを賑わしていた反原発、政府批判は、どこか遠くの場所でおこなわれているパニックとしか思えませんでした。生きることで精一杯の人間にとって、それは何ひとつ感激させず、また絶対に心動かされもしませんでした。彼らは上をむいて大声をあげている。しかし少なくとも私は、下をむいて一つひとつ生きるための作業をこなすことに追われていた。

当然のことながら、被災地から離れた遠い場所ではイメージや風評が先行し、そのイメージ通りに現実を切りとっては不安の再確認をくり返したのでしょう。イメージに躍らされることで、安心したかったのでしょう。しかし、私たちの生活の水準線を一ミリでも超えたトーンの高い声やスローガンは、弱者のためではなく「政治」の始まりではないのか。ここでの政治とは、より多くの人間を支配し動員し組織化することを指しています。

以上が第一の違和感だとすれば、もう一つの震災後の対応は、「あの悲劇を忘れない」という雰囲気の過剰演出です。震災後、文明の大転換や人生観が変わったと主張する多くの知識人が登場しました。彼ら自身がどう変わったのか、復興への斬新なアイデアの数々を、筆者は読んでいないので知りません。阪神・淡路大震災とオウム真理教事件をもって、しばしば「一九九五年」に特別な意味を見いだす論客もいますが、おなじ調子で二〇一一年は今後意味をもってくるのでしょうか。

筆者はこうした時代区分で、何かが分かった気になることに、非常に激しい違和感を覚えます。ここでも一例を挙げましょう。敗戦翌年の一九四六年十二月、中国・四国地方から中部、九州までの西日本全体を巨大地震と津波が襲ったことを、覚えている人がいるでしょうか。「南海道大地震」と名づけられたマグニチュード8・1の巨大地震は、高さ6メートルを超える津波が次々に押し寄せ、死者行方不明者は1443人にのぼったのです（『日録20世紀　1946』）。

もしかすれば、東日本大震災は、歴史的な位置づけで言えば南海道大地震と同程度なのかもしれない。敗戦という国民全体を襲った未曾有の大事件にかき消され、南海道大地震は完全に忘れられてしまった。

だとすれば、「三・一一」もまた人間の生理で言えば、多くの場合、忘れられて当然ではないか。物事を忘れることができるとき、人間は健全だ。ただ筆者が言いたいのは、忘れる人がいる一方で、「散文的」な生活の片隅に、いつまでも古傷のように震災の傷跡が残っている人がいる事実です。筆者もまたその一人であり、震災体験に「躓き」、新しい発想の大合唱にかき消されそうな「躊躇い」を抱いてきたのです。過剰演出に酔う人びと、すぐに忘却できる人、いずれにも属せない第三の人間がいる。彼らの声なき声を掬いとることはできないか。

崩壊と危機対応の問題意識

では何をすべきか、すべきだったのか。筆者はすでに「デモ論」で、ことばの重要性を説きました。自分自身が大震災に直面し、ことばを練ることを試練としてあたえられたのです。読書体験を思いだし、今、散文的に生きている人びとの混沌を作品にしてくれる彫刻刀を探した。

三島由紀夫は、戦争中に少年時代を過ごした小説家です。いつ眼の前の世界が灰燼に帰すか分からない不安定な時間のなかで、少年三島が貪り読んだのは日本古典でした。中でも、古今和歌集と新古今和歌集の違いがひときわ魅力的だったと三島は回想しています(「古今集と新古今集」)。古今和歌集は壊れそうな世界のうえで、危うい均衡を保った緊張感あふれる古典的秩序をもった歌集である。一方の新古今和歌集は、秩序崩壊後の腐臭を放つがゆえに、何とも言えない頽廃の魅力に充ちている……。

今日専門家から見て、沢山の誤読を指摘することはできます。しかし、彼が全身で浴びた時代の緊張感を古典にぶつけた結果、誤読は三島の「思想」として認めざる得ない説得力を獲得した。古典を読み破ることで三島は時代が今どうなっているのか、自分がどこにいるのかを計ろうとしたに違いありません。遭難しかけた人間がコンパスに眼を凝らすように。

筆者はある批評家の文章を参考に、震災について考えてみようと決意しました。自主避難先にもちこんだ数冊の本のうち、江藤淳のアメリカ論が筆者には輝きを帯びて見えた。第一と第二の違和感を超える第三の方法が隠されていると直感したのです。

江藤淳は『夏目漱石』でデビューした文芸評論家です。二十代前半、圧倒的な若さで漱石論を書きあげた江藤が、二年のアメリカ留学を終えて帰国したのは一九六四年のことでした。留学中の体験記は『アメリカと私』として発表され、帰国直後からは「危機と自己発見」の副題をもつ『日本文学と「私」』を書き、江藤は独自のアメリカ観、日本文学観を確立していきます。

江藤について少しでも知っている人は、著書『閉ざされた言語空間』で、占領中のアメリカの検閲制度を研究し、無条件降伏したとする通念に異議を唱えた「保守思想家」だと思っているかもしれません。しかしその通念では、不十分です。江藤を政治的発言で評価するのは間違いです。彼はあくまでも文学から出発したのであって、「結果的に」保守的な発言をしたにすぎない。その逆は、絶対にない。

では文学とは何でしょうか。文学は、震災とアメリカにどうかかわるのか。筆者は次の二点が重要だと考えます。第一に、江藤淳の批評には秩序が決定的に瓦解すること、自明の前提が解体することへのするどい危機感があること。このメッセージは震災を経験した筆者の「躓き」を刺激しました。

そして第二に、絶対的に巨大な力、普遍的で圧倒的な力が押し寄せてきた際、人間と国家はどのような対応をとるかという問題。アメリカでの留学体験の記録、さらには近代日本文学の意義を問い詰める江藤の文章には、「崩壊と危機対応」という二つの問題意識が貫かれています。これこそが、日本の近代化の宿命だと言うのです。

震災や原発事故で文明の大転換や新しい復興のかたちを云々し、アメリカとの関係が沖縄基地移設問題を取り込みながら反米意識として今、喧伝されている。ならば眼の前の問題は、日本の近代総体を問わねば、解決できないではないか。少なくも、江藤のごとく近代化総体を見つめる気概ももたずに、素人政治で昂奮していても意味はない。この「違和感」なくして現代社会など論じられてたまるものか。

アメリカ流の適者生存の論理

現在とは異なり、留学すること自体がまだ異様な緊張感をもっていた時代に、江藤は妻を同伴しアメリカの地に降り立ちました。ロックフェラー財団の給費留学と言えば聞こえはよいですが、今も昔も給費留学生は私たちが思っているほど、十分なお金がもらえるわけではありません。国費留学の漱石が、留学先のロンドンで金に困り公園の水を飲んでいたという話があるくらいです。漱石の評伝を書いて文壇に躍りでた江藤は、留学の厳しい現実を漠然と予感していたのです。

悪い予感は的中します。まず、アメリカに到着してすぐ心労から妻が激しい腹痛を訴え始めた。まだホテルに到着したばかりで、病院の場所すらよく分からない。ようやく見つけても長期休暇をとっている医者は休診だと告げられる――巨大なアメリカの街で、江藤夫婦は言わば荒野に投げだされたような感覚に陥った。

……私たちがこのホリデー・シーズンの大都会のなかで、だれともつながりのない切離された人間であること、さらに私には家内の肉体的苦痛を感じるすべがなく……その意味で、お互いもまた切離されていることを、ほとんど一瞬のうちに感じた。それは、日本にいるときには絶えて味わったことのない、寒い孤独の感覚であった。

（『アメリカと私』）

江藤はままならない英語を使って受話器のむこうの他者に妻の状況を説明し、入院手続きを完了するよう説得します。あやふやな生活を立て直すことは、まったくつながりのない他者と交渉し、己の立場を主張し要求を実現する営みです。それを一瞬でも辞めてしまえば、夫婦はアメリカでの居場所を失い、文字通り生活は瓦解し、自己の存在意義は無限に縮小後退していってしまうのです。

江藤は何度も「生活」ということばを使いながら、渡米早々の危機を克服し、妻を病院に送り届ける様子を描いています。また医者代をふくめた生活費のための給費の増額を財団に申請するため、実際にかかった費用のレシートをまとめ、証明手続きをとる作業にも忙殺されました。そして増額を勝ち取りアパートを見つけ入居したとき、江藤は次のような感覚に襲われたのです。

私たちは――単に私ひとりだけではなく、家内もともに――結婚当初と同様に、文字通り最初からやり直さねばならなかった。このなにもない、安っぽいニス塗りの床のむき出しになったアパートが、アメリカというものの――幾多の開拓者を呑みこむ清浄な空白として出発したアメリカという新しい現実の、私たちにとっては日常的な象徴と見えた。私たちは、夫婦としてという以前に一緒に暮らしている二人の人間として、この現実をどうにかして行かなければならなかった。（『同前』）

アメリカ流の適者生存の論理を、身をもって体験した日々をつづる江藤に、筆者は打ちのめされました。なぜなら彼のアメリカ体験が、他ならぬ震災時の筆者とその家族を襲った、一年以上にわたる葛藤とピタリ重なるものだったからです。

危機を生き抜くための「文学」

アメリカ留学体験から、江藤がつかみだした「文学」とは何か。それが帰国直後に作品化された『日本文学と「私」』です。タイトルとは異なり、文章はアメリカと日本との関係から始まります。日常生活で経験する私と他者とのあいだの違和感から、国家関係まで考えぬいたわけです。

日本という国家にとって、最大の他者がアメリカです。明治以降の日米関係を考える。それは違う価値観をもつ他国を認めず、自己拡張に取り憑かれた国アメリカに出逢ったと考えることができる。みずからを正義＝普遍的であると信じて疑わない人間がいるように、アメリカの自己中心性に日本は激しく傷ついたのです。

他者の要求全てを受け入れれば、自分は壊れてしまう。でも他人を拒絶することはできない。では、どうすればよいのだろう。「この崩壊の過程——危機の只中で、日本人はどのように自問したか。それを問うことは、ほとんど明治以後の文学を問うことである」（『日本文学と「私」』）。

「崩壊」と「文学」という引用に注目すべきです。文学は政治経済、あるいは歴史と無縁の夢物語などではありません。個人のコンプレックスや、斜に構えた屈折を描くなど論外です。ある文化が崩壊の危機を感じとると、全身を緊張させ張りつめたまま何かを生みだし遺す。場合によっては滅びる。動植物の最期にも似たことが一国の文化でも起こるのであり、次世代に遺されたものが「ことば」、つまり文学なのです。

日本列島の歴史において、こうした危機は複数回ありました。平安時代末期、後鳥羽院にとっての新古今和歌集は、王朝文化瓦解の危機から生まれた遺産の象徴的な事例です。

そして直近の例が他ならぬ明治以降の近代日本文学だった。坪内逍遥『小説神髄』が文学史上重要なのは、江戸期の美的秩序が壊れていく最中に書かれたからです。江戸戯作を文学だと思っていた価値観を否定され、西洋の心理描写こそ文学だと言われたとき、逍遥は精神的危機に陥ったに違いありません。

なぜならおなじ「文学」ということばの意味が、一夜のうちに反転し別物になってしまった。これは大震災や敗戦で、一夜にして善悪の価値基準が変わったのとおなじくらい、深刻な出来事だったに違いありません。眼の前の風景の遠近法が反転すれば、当然人は目眩を起こします。もがくように、逍遥はみずからの文学の歴史をさぐりのぞき込み、本居宣長の「もののあはれ」に西洋文明にいう文学とおなじものを見いだし、救われたのです。世界の遠近法を取り戻し、彼らの主張を取り込みながら、自己崩壊の危機を逃れたのです。

坪内逍遥がすがるように手にした宣長。しかし江戸期の知的遺産を肉体的に継承していた逍遥はまだよい。漱石の世代になると危機はピークを迎えます。英文学者としてイギリス留学中の漱石を、江藤は次のように描きだします。江藤自身のアメリカ体験を思いだしながら読んでみていただきたい。

彼は今や何者でもなかった。絆が断たれれば彼を価値の源泉に結びつけ、その存在を意味づけるものは何もなくなる。彼はしたがって彼自身でしかなかった。こういう状態の深刻さはおそらく想像を絶している。

このような無限定な状態の中にいるかぎり、人は周囲をぎっしりと埋めている「他人」たちの規定する自己のイメイジを、際限なくうけいれなければならなくなりかねないからである。（以上、『日本文学と「私」』）

過去と断絶し、しかも西洋そのものにもなることもできない「人間」。これが漱石でした。漱石とは何者でもない存在なのです。世界における定点を持たない。この恐ろしさは想像を絶しています。なぜなら無色透明な器である「自分」のなかに、無数の相手の価値観が殺到し翻弄されてしまうから。これは精神的強姦とほぼおなじことを言っているのであり、漱石個人がこの危機を描くとき、それは近代日本「国家」の危機と重なるものだったのです。

以上の江藤淳の漱石評価と文学観から筆者が気づいたのは、これこそまさしく、近代日本の置かれた条件だということです。個人主義などと言えば聞こえはよいが、実際は場当たり的に他人の価値観に翻弄される自己が、明治日本に登場してきた。「近代化論」で取りあげた北村透谷もまた、アメリカの反知性主義者エマソンから毒を吸った日本人でした。アメリカに翻弄される日本という国家もまた、おなじ危機を生きている。ある条件に拘束されている。それを「近代」というのであり、近代を描いた作品を文学と言うべきなのです。それはおそらく、後鳥羽院の新古今和歌集の伝統にまでつらなる。

散文的生活における確信

冬、六畳一間の被災者借り上げ住宅の布団にくるまりながら読んだ江藤淳が、筆者に受け渡したかったのは何か。筆者の心にさざ波が立ったとき、何が継承されたのか。違和感から始まった、この章の結論を述べましょう。

江藤の批評には「崩壊と危機対応」という二つの問題意識が強烈に貫かれている。それはアメリカ留学体験と、明治期の日米関係に触発されたものでした。そして今回の東日本大震災後の反原発、沖縄基地移設問題に典型的な反米をめぐる一連の政治闘争もまた、事実の裏におなじ問題が横たわっていると思うのです。「崩壊と危機対応」という問題が。

なぜなら第一に、震災は崩壊とは何かという問いを生々しく筆者に植え付けたからです。原発事故の際、自主避難をした筆者の家族は、人びとから多くの同情を受け取りましたが、誰一人として、県のホームページに自主避難者の住宅費用を自治体が負担してくれる旨、申請すべき書類があることを教えてくれませんでした。

つまり散文的な生活については、みずからの力しか頼るものがなかった。最初は東電に出向き「関係ない」と言われ、次に市役所に出向きその旨を伝えると、若い受付嬢は、「文部科学省まで行ってください」と言った。福島県いわき市の市役所でその応答を聞いたとき、筆者は愕然としたのを覚えています。いわき市内の避難住宅手続きをおこなっている部署まで行くと、そこの女性が偶然気を利かしてくれ、「埼玉県に避難した人については、大宮駅の出張所に行けば、まだ自主避難者の家賃負担軽減の手続きをしてくれるかもしれない」と教えてくれた。そのお陰で、筆者はタライ回しにあいつつも、二重家賃の苦労から一時的に解放されたのです。震災から一年近い月日が流れていました。

何よりも必要不可欠で有り難い援助とは、情報弱者の私たち家族に、具体的な指示をあたえてくれることだった。生活の解体に直面し、思えば誰でも分かるはずの自治体の援助すら忘れていた人間に、同情などは一銭の役にも立たなかった。

反原発デモに何万人の善意が集まっていようとも、高名な大学知識人がいかに壇上から大袈裟な身振りで正論を吐こうとも、筆者にはいわき市の一女性の指示の方が有り難く有効で、つまり善であった。この個人的確信は誰に何と言われようとも揺るがすことができない真実のように思われた。あるいは善意よりも生活を守ることの方が、人間にとって大事なことだと思われた。

以上の体験は、まさしく江藤のアメリカ体験に重なるではないか。瓦解する秩序をなんとか維持するための葛藤と試行錯誤を考えぬき、描くことは文学になりうる。否、これこそが文学の存在意義である。筆者はそう気づいたのです。

だとすれば、筆者個人がやるべきことはあきらかなように思われました。みずからの生活解体の危機、積み上げてきたもの全てを破壊され、貰い物のヤカンと数枚の皿だけ、まだガスコンロさえ買いそろえていない空白の六畳一間のアパートを、率先して一つひとつ埋めていかねばならない。生活の匂いを染み付けて馴染んでいかねばならない。と同時に、文化の危機が勅撰和歌集を遺したように、ことばを書き残しておかねばならない――。

このとき文学は、一生の仕事とするに足るものとようやく筆者は確信できたのです。個人的体験が、勅撰和歌集から『小説神髄』まで、日本文学の系譜と近代日本の条件につながっていると確信できたのだから。

間断なき秩序維持

震災以後、昨今の対米関係をめぐる一連のデモや沖縄基地問題について、「何か新しい問題」が起きているという主張は一切虚偽だと確信しました。筆者から見れば、それは戦後七十年のあいだ私たちが隠してきたわが国の条件、近代化が宿命的に背負う条件、すなわち外側から襲いかかる普遍性への不断の対応、「崩壊と危機対応」がふたたび露出してきただけだからです。

「デモ論」で取りあげたカール・シュミットによれば、「政治」とは、民主主義と決断の緊張きわまる駆け引きのことでした。平時ならば民主主義もあり得る。しかし例外的な状態に陥ったとき、民主主義の限界が露呈する。何かを断固決断せねばならないときがある。シュミットの政治観はこのようなものでした。

一方、江藤淳が考える「政治」は、少し違った趣をもっています。日々の生活のなかで私たちが問題を解決し続けている姿、秩序を維持し続ける姿を意味します。会社の同僚であれ上司であれ、意見の異なる人同士の間には、怒鳴り散らし衝突するか、それを何とか落としどころを見つけるために交渉するか、いずれかしかありません。

その際、「××すべきだ」とか「反××」といった知識人がしばしば吐く正論は、世間の問題を勝利と敗北、理想と現実で明確に色分けし、完全勝利と理想だけを追い求めるロマンに溺れた思考法に他なりません。他者との試合に百対〇で勝利しようとしている。あるいは完敗しても、それを美しい敗北だと陶酔している。

だが、それは偽善だ。会社であれ、外交であれ、私たちはふつう五十一対四十九で勝利すれば良いのであって、「完全な正解」などあり得ません。逆に言えば、何としても二点差で勝利を目指さねばならない。集団的自衛権の行使容認が、完全に日本の防衛を保障するものでもない。また、このままの状態で永遠に平和が続くわけでもない。原発を稼働したからといって、エネルギー問題が解決できるはずもない。複数の対立する課題を睨みながら、どちらがより安定を維持するかを計量し、五十一点での勝利を目指して紡ぎ続けるのが政治ではないのか。

その象徴を、江藤は勝海舟の人生に見いだしました。海舟自身の人生は、至極平凡な政治家のそれである。秩序をひたすら作り、特別な賞賛を得るどころか、当時は批判罵倒すらされた。しかし海舟は黙ってそれに耐え、日本の独立を次世代に受け渡すと政治の舞台から消えていった。こうした最も凡庸な政治家、地域に無数にいるであろう市井の秩序構築者を描く「文学」があってもよいではないか。

文士や思想家は、ほとんどつねに政治的人間の評価について誤りをおかしがちである。思想家的政治家、あるいは文人的政治家はつねに過大評価され、これに対して政治的人間としての素質にめぐまれた政治家はつねに過小評価をまぬがれない。しかしもし彼らの作品が決して完結しない歴史の上にしか書かれ得ないとするなら、私たちは彼らの思想や詩ではなく、むしろこの決して完結することのない作品をこそ評価すべきではないか。（『海舟余波』）

私たちの周囲にある評伝の多くは、ヒロイックで暴力的、あるいは破天荒な人生の人に限られている。だが詩的で英雄のように見える秩序破壊者を描くことだけが、はたして文学の役割なのだろうか。震災の破局を経験した今、さらに暴力的であることに、はたしてどこまで意味があるのだろう。

ことばはむしろ、黙々と秩序をつくり、誰からも賞賛されず人生を閉じた人物にこそ捧げられるべきではないのか。そのことを指摘してやまない江藤のこの文章こそが、最良の思想であり文学ではないのか。文学が政治と交錯するのは、つまり言論が現実に密着し揺さぶるのは、こういうときなのだ。

ヒロイズムは一見勇敢に見えます。しかしギリギリの秩序維持を間断なく続けることこそ、スリルに満ちた勇敢な行為ではないだろうか。つまり「政治的人間」こそ、実は何よりも文学の主題になるべきではないのか。

震災への政治的対応をめぐる「違和感」から始めた思考は、こうして日本の近代化総体を問いなおす必要にまで私たちを導き、文学を紡ぐことを求めてくるのです。

おわりに――処方箋を焦る社会へ

筆者には、震災から二週間ほどの間「音」がない。ドラマのワンシーンで色彩も音もない、モノクロの風景がよぎることがあるが、おなじように音の記憶がまるでない。

再び音がするのは、避難先からいったんいわき市の自宅に戻るための臨時バスで、隣あわせた老婆から話しかけられたときからである。当時の日記をめくると、それは三月二十五日のことだった。車窓には、のたうち回るように歪んだ道路と、自衛隊の車列だけが並走していた。民間人で被災地を目指しているのは私たちだけだ、といった緊迫した気分さえ、バスのなかには漂っていました。

この空白の二週間を、筆者は物事を考える原点にしています。剝きだしになった生と死が眼の前に転がり、物音一つせず日常生活が流されていった。この瞬間に「躓き」続けることを決意したのです。否、より正確に言えば強いられたのであって、決意ではなく宿命になったのだ。

「新しい発想」による復興論、戦争中の慰問さながらの同情的な知識人の講演会、自分の研究のために聞き取り調査をおこなうときの、哀しそうな顔――この五年間、全て眼と耳を塞いでじっとやり過ごした。正直、知識人などという生き物は、震災で疲弊しきった人間の、最後に残った心のなかまで毟り取る連中にしか見えなかった。

では、彼らの雑音など何一つない場所、無音の二週間から見たばあい、日本はどのような姿をしているのか。躓いた筆者が感じた「違和感の正体」は何であり、原因は何だったのか。時代に処方すべき薬はあるのか。「思想家とは時代を診る医者である」と宣言した「はじめに」の問題意識に帰り、結論を述べてみましょう。

まずは「ものさしの不在」こそ、現代社会の特徴であると言いました。全八章にわたる時代診察から分かったことは、思想家たちは安易に新たなものさしを創ろうとはしないということです。

その最良の例が、「沖縄問題論」で取りあげた吉本隆明でした。「弱者」という名の正義に溺れることを禁じた彼の論理は、要するに自分が安易に正義＝ものさしを持つことを禁じたということなのです。恐るべきことに、吉本の知的格闘は最晩年まで継続しました。東日本大震災と、原発事故をめぐっても一貫して彼の立ち位置はブレなかった。震災後、朝日新聞などの取材に応えた遺著『「反原発」異論』（論創社）の冒頭タイトルは、「絶えずいつでも考えています」。

最後まで読みきる前に、筆者のなかを衝撃が走りました。思想家とはこうあるべきだ、そういう思いに強くとらえられたからです。たとえば吉本は、震災後、自分が東京という都市に住んでいることの問題に気づきます。都会に住んでいると、震災現場の臨場感がまったく伝わってこない。だから想像力を駆使し、いつも現場のことをリアルに思い描こうとしたのです。

もちろん、そんなことなど誰でもしたことでしょう。少し真面目な人なら、誰でも被災地に思いを巡らし、寄り添いたいと思っていたはずです。

しかし吉本は違った。彼が考えていたのは、被災地のことではないのです。「自分の想像力と実際とはどれくらい違うか」を検証していたのです。被災地について想像している「私」、様々に飛び交う情報をできるだけ駆使してイメージしている自分の想像力で、ほんとうに正しい判断ができるのか。現実に密着しているか――最晩年の吉本はこう自問しているのです。

吉本隆明の出発点は何だったか。それは「戦争体験」だったはずです。戦争の最中、自分の思想を総動員して考えぬいた挙げ句、戦争は正しく、死を懸けるに値すると断定した。にもかかわらず、敗戦は自分が正しいと考えていた世界観、人生観が完全に間違っていることを教えた。想像力は敗れ去り、善と思ったものは悪だった。

だとすれば、「私」の想像力は不確かなものである。どうすれば現実を正確に把握し、正しい判断ができるのか。人はいつでも独善に陥るのだということ、これが吉本思想の出発点だったのです。この主張を知っていた筆者は、だから次の文章に出会ったとき、驚き、そして畏怖すら感じました。

元個人とは私なりの言い方なんですが、個人の生き方の本質、本性という意味。社会的にどうかとか政治的な立場など一切関係ない。生まれや育ちの全部から得た自分の総合的な考え方を、自分にとって本当だとする以外にない。そう思ったとき反原発は間違いだと気がついた。（『「反原発」異論』）

つまり吉本は、その死の直前にいたってもなお、おなじ問題、自分の想像力と正義感が間違っている可能性を点検し、「絶えずいつでも考えて」いたのだ。だが周囲の反原発で騒ぎ立てる人びとを見てみよ。こうした思想的緊張感は、まったく見られないではないか。

　彼らは自分の正義感を点検することなく、信じきっている。原発事故による「恐怖心」を利用して、反原発運動というつながりをつくっている。人間の生命を脅かすものを否定するという立場に立つ彼らは、絶対の正義、「一種の倫理性を組織する」のだ。

　私たちが正しいことを言っているのに、なぜ異論を唱えるのだ。こういう批判こそ最も恐ろしいと吉本は考えています。なぜなら自分が無謬であるという意識は、戦争時代と何も変わらないからです。

　もうお分かりでしょう。反原発に異論を唱えたことが、重要なのではない。ほとんどの人は原発賛成か、反対を踏み絵に相手への評価を下しているが、その問いの立て方自体が間違っているのだ。吉本という思想家は、生涯何かに取り憑かれたように自己点検を課していた。「人生を貫かざるをえない何か」を考え続けたことが、彼を思想の巨人たらしめているのです。

　吉本に関連して、最後にもう一例だけ挙げておきましょう。

一九五四年三月。アメリカが、ビキニ環礁で水爆実験をおこないました。そのとき日本の漁船・第五福竜丸の乗組員が被爆し、無線長だった久保山愛吉が死亡しました。敗戦を決定づけたヒロシマ・ナガサキのあの日から、まだ十年も経っていません。世論は沸きたちます。詩人もまた例外ではありませんでした。人びとの心に寄り添うという美名のもとに、壺井繁治ら詩人たちが反核詩集『死の灰詩集』をだしたのはその一例です。

しかしそうした態度に、反発するものがいました。鮎川信夫と谷川雁の二人の詩人です。たとえば「現代詩時評」（一九五五年）を書きながら、谷川雁はしずかに考えていました。原子力の猛威に対峙するには、どうすべきだろうか。詩人である私には「たどたどしさ」しか、方法はないように思える。にもかかわらず世論はもちろん詩人までが、急いで行動せよと叫んでばかりいる。だが、その行動、つまり詩集の刊行は、戦前の総動員のときの、昂揚酩酊した気分とおなじではないのか。

ことばとは本来、時代の激流にさからい耐えるための道具であり、積極的に参加しないことに意義がある。私たちは積極的な行動にでるとき、ことばを放りだすか、スローガンとして扇情的に利用するかのいずれかになるからだ。

あらかじめ決まりきった正義や価値観から突き放された場所、つまり荒地を養分にしなければ詩という花は咲かない。世間の人が疑いもしない正義――この場合は反核――さえもいったん括弧にいれ、世論から零れ落ち突き放された場所で、ひそかに夜露のように宿るのが詩人のことばなのだ。総ての人がおなじ方向に走りだすとき、ひとり停まるのは臆病だからではない。逆に勇気ある「行為」なのではないのか（以下、「谷川雁の原子力（中）」参照）。

*

谷川雁とは、詩「東京へゆくな」などで一世を風靡した詩人にして活動家です。九州の炭鉱問題で積極的な発言をおこなう一方、吉本隆明と双璧とされる詩人にして詩論家でした。吉本隆明の詩論『言語にとって美とはなにか』は大変な評判となりました。なぜならこの時代はまだ、ことばの結晶である詩が世界全体を動かせる、少なくとも詩と世界を天秤にかければおなじ重さをもつと信じられていたからでしょう。原稿用紙に載せられたインクは、そのまま現実世界――吉本の言う「大衆」――に触れて、社会へと滲みだししずかに影響をあたえていく。

そういうことばを操る者には「躊躇い」と「躓き」が必要だ、谷川はそう言っている。詩について論じる谷川が、実は前章「震災論」で取りあげた江藤淳の文学観、政治的人間を描く文学に近づいているのです。確かに危機の場合に躊躇うとは、いかにも迂遠に聞こえるかもしれません。ではそう思う人たちに問う。時代が急旋回するようなばあい、もっとも勇気ある行動とは何か。

彼の前ではすべての言語が一度青ざめたのだ。彼は表現の致死量を超えさせた。そしていかなる言葉がいかに残るかと世界の詩人に迫っているのだ。このとき急いで決定的な断案を下そうとするのは、僕には時計の針いじり以上の賢さとは思えぬ。（現代詩時評）

「彼の前ではすべての言語が一度青ざめた」。「彼の前」とは原子力のことであり、その破壊力を眼の当たりにして私たちは正論を騙《かた》るのではなく、自分の話し方そのものを問い直すべきなのです。未来の世界観を騙るまえに、足元を精錬する必要があるはずだ。それを谷川は「青ざめる」と言っているのだと筆者は思います。

にもかかわらず、大半の人びとは日蝕を前にした古代人さながら、原子力を指さして吠え大騒ぎしている。谷川雁にしてみれば、それは戦時中に翼賛詩集をだしたのと変わらない。混乱と分かりやすい正義を信じ切った者たちによる、カラ騒ぎとしか思えなかったのです。

だとすれば、敗戦と第五福竜丸事件そして東日本大震災と、私たちは三度目の混乱の渦中にいることになりはしまいか。三たび、「ものさしの不在」と処方箋を焦る社会に酩酊していないか。吉本隆明の遺言めいた警告にもかかわらず。

戦争体験の結果、世界は不確定でゆらいで見えるような体験をした。ゆえに吉本隆明はキリスト教会の門を叩いた。それは炎が草原を嘗め尽くすような善悪の混乱、地獄のような相対主義を知ったからです。「絶対に正しいことなどあるのか、あり得るとすればどんなときか」を問い詰めた。

ほぼおなじ問題意識を、谷川雁は詩人をキーワードに問い詰めた。二人の時代診察は徹底しています。つまり過去二回の危機は、吉本や谷川らの思想家を産みだし、時代を酩酊から救った。

しかし東日本大震災以降、原発事故があったのに、また多くの知識人が文明の大転換を叫んだのに、吉本も谷川も現れない。彼らのような相対主義の徹底はなかった。ネット右翼に眉をひそめる程度の相対主義がはびこるだけであって、生の意味が剝きだしになるような、あらゆる善悪をギロチンにかけるような迫力ある発言はなかった。絶句し、その場に立ち尽くした瞬間、あるいは音のない空白の時間を表現してくれたことばは、ついに一つもなかったのです。

これまさしく文学の不在ではないのか。代わりに噴出簇生《ぞくせい》したのが、出来合いの正論にしがみつき何ものかを批判しようという正義派でした。「処方箋を焦る社会」の有様を、筆者は本書で一つひとつ指摘し続けてきたつもりです。

震災後の日本と秤にかけた際、おなじ重さの思想の登場が求められている。こうしたことばを生みだす精神的な構えを、どうすればもてるか。時代に酔わないでいられるか――戦後七十年や敗戦について、筆者が思いをめぐらすのは、このときだけです。戦争のほんとうの悲惨さなど筆者に分かるわけがない。戦後七十年の総括など、そう容易にできるはずがない。気の利いたことなど言わない方が、よほど世の中のためになる。分からないことは分からないと言えばよい。

ただ、もし震災体験から思想へ、文学へ、つまり「ことば」について思いめぐらすならば、戦争や原子力は急に筆者に身近になる。筆者の自宅からわずか四十キロ程しか離れていない「フクシマ第一原発」が急速に迫ってくるし、吉本や谷川をとおして、戦争は筆者に何かを手渡してくる。それを武器に、現代日本社会を診ようとしてきたのです。安易な処方箋など、もちろんありません。筆者には精神の佇まいを指摘するくらいしかできない。ある思想家の気づきを、時代への処方箋として提示したいと思います。今私たちに必要な薬は、七十年前の昭和二十年秋、敗戦直後に書かれた次の文章にあるように思えてなりません。

常に正しいことだけを形式的に言う人、絶対に非難の余地のないような説教を垂れる人、所謂指導者なるものが現われたが、これは特定の個人というよりは、強制された精神の畸形的なすがたであったと言った方がよい。精神は極度に動脈硬化の症状を呈したのである。言論も文章も微笑を失った。正しい言説、正しい情愛といえども、微笑を失えば不正となる。

（亀井勝一郎『大和古寺風物誌』）

違和感の正体、それは他でもない社会全体から「微笑」が奪われつつあることにあった。正義か不正義かの判断基準、私たちが手から滑り落とし、何より求めている「ものさし」が微笑であるとは、怒号・暴力・スローガン・見得をきる発言が飛び交う昨今、何とも示唆的ではありませんか。水をふくんだ真綿のように膨らんだ感受性こそ、時代状況を判断する際に、不可欠のセンスだと筆者は確信しています。

戦後七十年のあいだ、亀井の指摘は忘れられてきました。戦後体制の総決算、戦後七十年の克服、新しい文明観や復興を叫ぶくらいなら、まずは敗戦直後の亀井勝一郎の指摘に耳を傾け、微笑することから始めようではありませんか。あらゆることに気の利いた発言などする前に、一つのことに「躓き」ながらも、含羞の微笑みを投げかけることから、何かがはじまる。

後序

震災後、度重なる引越しを強いられた。帰宅して灯をつけ、暗闇から浮かびあがった食器類、冷蔵庫、カーテンレールにかかった服を見ていると、そう遠からずこの部屋から一切がなくなること、つまり今、眼の前にあるこれら一切の秩序が崩れ、二度とおなじ光景はないのだということに気づいた。この思いは引越しの日が近づく度に、毎回、筆者を襲った。

＊

いらい、この世の中で起きる出来事が、いつの日か跡形もなく消え去ることを知った。今でもどこか、世上を賑わせている時事問題に疎く、また興味を抱ききれないのは、きっとこの喪失感からくるに違いない。

その筆者を上手に導き作品を生みだすきっかけをあたえてくれた、新潮社の阿部正孝氏に、まずはお礼を述べておこう。福島県いわき市まで車を飛ばして現れた阿部氏は、飄々とした長身の人だった。「焦らなくてよい。とにかくよい作品を」という激励どおり、その編集手腕は丁寧の一言に尽きる。拙い時事論が、こうして世にでるのは、彼のお陰なくしてはあり得ない。

また筆者にとって格別な存在、すなわち東北大学・佐藤弘夫先生にもお礼のことばを。みずからの生き方、振舞い方で人に何かを伝えることができる者は、そう多くはない。佐藤教授には、現代社会が失って久しい「風貌」がある。微笑の下に刃物を秘めたような風貌が。筆者の文章は、つねに彼のするどいまなざしを意識して書かれている。

その他、いかに多くの生者と死者が筆者を支えていることか。時事論である本書が、時代を超えて人の心の奥深くをえぐりだしていれば、これに勝る喜びはない。

今春、筆者は五年におよぶ二重家賃生活を終えた。こうして人は、一つまたひとつ、秩序を取り戻そうとする生き物なのだろう。それ以上でも以下でもない。

六畳の居間の炬燵にて

平成二十八年三月

【主要参考文献】（順不同。全集以外に、入手しやすい単行本・文庫等のある場合は適宜そちらを掲げる）

宇野重規『〈私〉時代のデモクラシー』岩波新書、二〇一〇年

F・ニーチェ『善悪の彼岸・道徳の系譜』ちくま学芸文庫、一九九三年

姜尚中「新しい人へ3」『一冊の本』二〇一五年九月号所収、朝日新聞出版

村上裕一『ネトウヨ化する日本』角川EPUB選書、二〇一四年

C・シュミット『政治的ロマン主義』みすず書房、二〇一二年

小熊英二『社会を変えるには』講談社現代新書、二〇一二年

網野善彦『異形の王権』平凡社ライブラリー、一九九三年

菅野仁『教育幻想』ちくまプリマー新書、二〇一〇年

福澤諭吉「徳育如何」『福澤諭吉全集　第五巻』所収、岩波書店、一九七〇年

佐伯啓思・三浦雅士『資本主義はニヒリズムか』新書館、二〇〇九年

坂本多加雄『市場・道徳・秩序』ちくま学芸文庫、二〇〇七年

坂本多加雄『近代日本精神史論』講談社学術文庫、一九九六年

石川啄木『啄木全集』全八巻、筑摩書房、一九六七〜一九六八年

H・アーレント『全体主義の起原』みすず書房、一九八一年

森本あんり『反知性主義』新潮選書、二〇一五年

酒本雅之訳『エマソン論文集（下）』岩波文庫、一九七三年

北村透谷『北村透谷選集』岩波文庫、一九七〇年

小泉仰「中村敬宇と宗教」『アジア文化研究　別冊20号』所収、国際基督教大学アジア文化研究所、二〇一五年
高坂正堯『海洋国家日本の構想』中公クラシックス、二〇〇八年
丸山眞男「『現実』主義の陥穽」『丸山眞男集　第五巻』所収、岩波書店、二〇〇三年
西山太吉『沖縄密約』岩波新書、二〇〇七年
吉本隆明「宗教としての天皇制」『〈信〉の構造3』所収、春秋社、二〇〇四年
吉本隆明『柳田国男論・丸山真男論』ちくま学芸文庫、二〇〇一年
吉本隆明「憂国の文学者たちに」『吉本隆明全著作集13』所収、勁草書房、一九六九年
吉本隆明『「反原発」異論』論創社、二〇一五年
三島由紀夫「古今集と新古今集」『決定版　三島由紀夫全集34』所収、新潮社、二〇〇三年
江藤淳「アメリカと私」『江藤淳著作集4』所収、講談社、一九六七年
江藤淳「日本文学と『私』」『江藤淳著作集　続1』所収、講談社、一九七三年
江藤淳『海舟余波』文春文庫、一九八四年
綿野恵太「谷川雁の原子力（中）」『現代詩手帖』二〇一四年九月号所収、思潮社
亀井勝一郎『大和古寺風物誌』新潮文庫、一九五三年
「『安全保障の法的基盤の再構築に関する懇談会』報告書」www.kantei.go.jp/jp/singi/anzenhosyou2/dai7/houkoku.pdf

先崎彰容　1975年、東京都生まれ。日本大学教授。東京大学文学部倫理学科卒。東北大学大学院で日本思想史を専攻。文学博士。主な著書に『個人主義から〈自分らしさ〉へ』、『ナショナリズムの復権』など。

Ⓢ新潮新書

667

違和感《いわかん》の正体《しょうたい》

著者　先崎彰容《せんざきあきなか》

2016年5月20日　発行
2023年2月20日　6刷

発行者　佐藤隆信
発行所　株式会社新潮社
〒162-8711　東京都新宿区矢来町71番地
編集部(03)3266-5430　読者係(03)3266-5111
http://www.shinchosha.co.jp

印刷所　株式会社光邦
製本所　株式会社大進堂

ISBN978-4-10-610667-5　C0210

価格はカバーに表示してあります。

Ⓢ新潮新書

576
「自分」の壁
養老孟司

「自分探し」なんてムダなこと。「本当の自分」を探すよりも、「本物の自信」を育てたほうがいい。脳、人生、医療、死、情報化社会、仕事等、多様なテーマを語り尽くす。

061
死の壁
養老孟司

死といかに向きあうか。なぜ人を殺してはいけないのか。「死」に関する様々なテーマから、生きるための知恵を考える。『バカの壁』に続く養老孟司、新潮新書第二弾。

582
はじめて読む聖書
田川建三 ほか

なるほど。そう読めばいいのか！ 池澤夏樹、内田樹、橋本治、吉本隆明など、すぐれた読み手たちの案内で聖書の魅力や勘所に迫る。「何となく苦手」という人のための贅沢な聖書入門。

589
西田幾多郎
無私の思想と日本人
佐伯啓思

世の不条理、生きる悲哀やさだめを沈思黙考し「日本人の哲学」を生んだ西田幾多郎。自分であって自分でなくする「無私」とは？ 日本一〝難解〟な思想を碩学が読み解く至高の論考。

593
ぼくは眠れない
椎名 誠

ガバっと起きると午前二時、それが不眠生活の幕開けだった。発端になった独立騒動、睡眠薬、ストーカー事件、試行錯誤……三十五年にわたる孤独な「タタカイ」を初告白。

新潮新書